职业技能鉴定教材
职业教育课程改革创新示范精品教材

汽车修理工（中级）

主　编　乔文龙　林振昺　李明全
副主编　张传明　曹　勇　胡庭伟
　　　　郭帅飞　昝　强　江连喜

依据人力资源和社会保障部制定的《国家职业标准》要求编写

北京理工大学出版社
BEIJING INSTITUTE OF TECHNOLOGY PRESS

版权专有 侵权必究

图书在版编目（CIP）数据

汽车修理工（中级）/ 乔文龙，林振昺，李明全主编 . —北京：北京理工大学出版社，2018.5
ISBN 978-7-5682-5513-4

Ⅰ. ①汽…　Ⅱ. ①乔… ②林… ③李…　Ⅲ. ①汽车 – 车辆修理　Ⅳ. ① U472.4

中国版本图书馆 CIP 数据核字（2018）第 079149 号

出版发行 / 北京理工大学出版社有限责任公司
社　　址 / 北京市海淀区中关村南大街 5 号
邮　　编 / 100081
电　　话 /（010）68914775（总编室）
　　　　　（010）82562903（教材售后服务热线）
　　　　　（010）68948351（其他图书服务热线）
网　　址 / http://www.bitpress.com.cn
经　　销 / 全国各地新华书店
印　　刷 / 定州启航印刷有限公司
开　　本 / 787 毫米 × 1092 毫米　1/16
印　　张 / 11.5　　　　　　　　　　　　　　　　　责任编辑 / 陆世立
字　　数 / 234 千字　　　　　　　　　　　　　　　文案编辑 / 陆世立
版　　次 / 2018 年 5 月第 1 版　2018 年 5 月第 1 次印刷　责任校对 / 周瑞红
定　　价 / 36.00 元　　　　　　　　　　　　　　　责任印制 / 边心超

图书出现印装质量问题，请拨打售后服务热线，本社负责调换

前言

本书的编写符合职业学校学生的认知和技能学习规律,在保证知识理论体系完整、脉络清晰、论述精准的情况下,注重培养学生的动手实践能力和企业岗位技能的应用能力,并结合大量的实训项目环节来使学生灵活掌握相关技能。

为满足于当前职业院校汽车修理工技能培训和职业技能鉴定的需要,更好地服务于汽车修理工国家职业资格证书制度的推行工作,福建省职业技能鉴定中心、福建省理工学校牵头组织相关行业专家成立了汽车修理工中级考证教材开发课题组,对汽车修理工国家职业标准、职业技能培训教程、职业技能鉴定考试题库与实践环节进行深入研究,编写了本书,并通过了上级有关部门的审定。

本书以中华人民共和国国家人力资源和社会保障部颁布的国家职业标准为依据,对参加汽车修理工(中级)技能鉴定考试的考点进行了梳理,强化学生的动手能力训练,对学生掌握技能鉴定考试的相关内容及提高应试能力有很大的帮助和指导作用,体现了汽车修理工的特色,突出了针对性、典型性、实用性,涵盖了中级考证的理论知识和操作技能。为便于学生掌握考核内容、题型,本书以项目化结构搭配题库的形式阐述相关的知识点并配有参考答案与评分标准。

本书由福建理工学校乔文龙、福建工业学校林振昺、赣州技师学院李明全担任主编;三明林业学校张传明、江西现代技师学院曹勇、龙岩华侨职业中专学校胡庭伟、厦门海沧职业中专学校郭帅飞、集美工业学校昝强、龙岩技师学院江连喜担任副主编。

本书参考了国内外同行的许多著作和文献,引用了部分资料,特向这些作者表示诚挚的谢意。

由于编者水平有限,加之时间仓促,书中难免存在不足之处,敬请广大专家、读者批评、指正。

编 者

汽车修理工（中级）技能鉴定成绩评定办法

1.汽车修理工（中级）技能鉴定成绩分为理论和实践两部分，按优、良、中、及格、不及格五级分制记入成绩表。

2.汽车修理工（中级）技能鉴定考试理论成绩合格后才可以参加实践项目考核。

3.汽车修理工（中级）技能鉴定考试理论成绩首次不合格者可补考3次，成绩合格后才能进行实践考核。总评成绩不及格者，应在下批次前提出申请参加补考。理论成绩与实践成绩均合格者，颁发人力资源和社会保障部门认证的等级证书。

目录

第一部分　汽车维护 …… 1

- 项目一　检测气缸压缩压力 …… 1
- 项目二　检测发动机进气歧管真空度 …… 3
- 项目三　检测汽油机燃油压力 …… 5
- 项目四　汽油机尾气排放量检测 …… 7
- 项目五　更换活塞环 …… 9
- 项目六　检查曲轴轴向间隙 …… 10
- 项目七　检查曲轴连杆轴承间隙 …… 12
- 项目八　检查调整柴油发动机供油正时 …… 13
- 项目九　检查与调整转向轮前束 …… 16
- 项目十　拆装变速器盖 …… 17
- 项目十一　检查与补充空调系统制冷剂 …… 19
- 项目十二　用解码器读取故障码 …… 23

第二部分　汽车检修 …… 28

- 项目一　检修气缸盖 …… 28
- 项目二　检测气缸体 …… 29
- 项目三　凸轮轴的检修 …… 32
- 项目四　拆装与检查正时带 …… 34
- 项目五　检测曲轴主轴径和连杆轴径 …… 38
- 项目六　检测电动燃油泵 …… 39
- 项目七　检测柴油机喷油器 …… 40
- 项目八　检测电喷汽油机喷油器 …… 44
- 项目九　检测怠速控制装置（怠速控制阀）…… 46
- 项目十　检测空气流量计 …… 48
- 项目十一　检测进气温度传感器 …… 53
- 项目十二　检测节气门位置传感器 …… 54
- 项目十三　汽车常用传感器的检查方法 …… 56
- 项目十四　检测自动变速器的控制油压 …… 60
- 项目十五　拆装与检修离合器 …… 63
- 项目十六　拆检变速器一、二轴组件 …… 68
- 项目十七　检修万向传动装置 …… 70

项目十八　检修与调整转向器 …………………………………………………… 74
项目十九　检修前桥 ……………………………………………………………… 79
项目二十　检修鼓式车轮制动器 ………………………………………………… 81
项目二十一　检修盘式车轮制动器 ……………………………………………… 87
项目二十二　检修液压制动真空助力器 ………………………………………… 90
项目二十三　检修液压制动总泵 ………………………………………………… 91
项目二十四　检修起动机 ………………………………………………………… 93
项目二十五　检修发电机 ………………………………………………………… 98
项目二十六　检修点火系统 ……………………………………………………… 103
项目二十七　检测电子控制点火系统 …………………………………………… 105

第三部分　汽车故障诊断与排除 …………………………………………… 109

项目一　诊断与排除汽油机怠速不稳的故障 …………………………………… 109
项目二　诊断与排除汽油机加速时回火的故障 ………………………………… 117
项目三　诊断与排除汽油发动机无法起动的故障 ……………………………… 121
项目四　诊断与排除汽油机缺火的故障 ………………………………………… 125
项目五　诊断与排除汽油机缺火（发动机间歇熄火）的故障 ………………… 126
项目六　诊断与排除汽油机动力不足的故障 …………………………………… 127
项目七　诊断与排除离合器异响的故障 ………………………………………… 130
项目八　诊断与排除汽车转向沉重的故障 ……………………………………… 133
项目九　诊断与排除交流发电机充电电流不稳定的故障 ……………………… 134
项目十　诊断与排除起动机转动无力的故障 …………………………………… 135
项目十一　诊断与排除汽油发动机无高压电的故障 …………………………… 135

第四部分　汽车修理工（中级）职业技能鉴定题库汇编 ……………… 137

项目一　汽车底盘部分 …………………………………………………………… 137
项目二　汽车发动机部分 ………………………………………………………… 145

附录　操作技能考核题库汇编 ………………………………………………… 152

操作技能考核试题汇总 …………………………………………………………… 152
职业技能鉴定国家题库试卷 ……………………………………………………… 153
汽车修理工（中级）职业技能鉴定国家题库试卷 ……………………………… 154
职业技能鉴定国家题库试卷 ……………………………………………………… 158
职业技能鉴定国家题库试卷 ……………………………………………………… 167

参考文献 ……………………………………………………………………………… 173

第一部分 汽车维护

项目一 检测气缸压缩压力

活塞到达压缩行程上止点时,气缸压力的大小可以反映气缸密封性好坏。测量气缸压力,通常使用机械式气缸压力表。

(1)组装好气缸压力表,检查发动机润滑油的质量,观察润滑油是否适当、充足。

(2)起动发动机待冷却液温度达到 75 ℃ ~ 82 ℃后熄火。

(3)拆除空气滤清器。

(4)对于电喷发动机,将所有喷油器电线束拆下,以免喷油,清除火花塞周围积炭,拆下全部火花塞(喷油器插头)。

(5)将专用气缸压力表插头装在火花塞孔内,扶正、压缩密封保证不漏气,如图 1-1-1 所示。

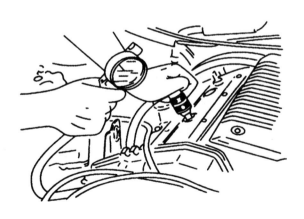

图 1-1-1 气缸压力的检查

(6)将加速踏板踩到底,挂空挡,使起动机以 100 ~ 150 r/min 的转速带动曲轴约转动 5 圈,应达 4 个压缩行程以上(时间 3 ~ 5 s)。待压力表指针指示稳定并保持最大压力读数时停止转动。

(7)取下气缸压力表记下读数,按下放气阀,使压力表指针归零。

(8) 按上述方法依次测量各缸,并将测量值记录在记录单(表1-1-1上),每个气缸测量两次,取最大值。

表 1-1-1　记录单

次数＼压力值＼序号	1	2	3	4	5	6
第1次						
第2次						

二、技术要求

(1) 各缸的压力值应符合原厂技术标准,不能低于规定压力值的95%。

(2) 各缸的压力差,汽油机不超过各缸平均压力的5%,柴油机应不超过8%。

三、测量结果分析

(1) 测量结果大于规定值,表明燃烧室积炭过多或气缸垫过薄,缸体与缸盖接合平面磨损过多,气缸压力过大,会影响发动机的使用寿命。

(2) 测量结果小于规定值,可先向该缸火花塞孔内注入少量机油,然后重测气缸压力。如果测量值比第一次高并接近规定值,表明气缸活塞、活塞环磨损过大或环口对口、断裂、卡死及缸壁拉伤等原因造成气缸密封不良。如果再次测量仍达不到规定值,表明进、排气门或气缸垫密封不良。

四、注意事项

(1) 对于电子点火式发动机,应将分电器盖上的中心高压线或插头拔掉,并将其接地,以防电子元器件被高压电击坏。

(2) 对于多缸喷油器,应将喷油器插头拔掉。

(3) 起动发动机,连续起动时间应不大于5 s,两次起动发动机时间间隔应不小于30 s。

五、容易出现的问题

(1) 发动机未预热就进行测试。

(2) 测量时节气门和阻风门未全开。

(3) 压力表未能紧插入火花塞孔。

(4) 未按下压力表放气阀就重复测量。

项目二　检测发动机进气歧管真空度

一、操作步骤

（1）发动机应预热至正常工作温度。
（2）把真空软管和进气管上的测压孔连接起来。
（3）挂空挡，发动机怠速运转。
（4）读取真空表读数。

二、故障现象分析

（1）发动机怠速运转时，真空表指针稳定在 57.33～70.66 kPa，表示密封正常。

（2）怠速时真空表指针停留在 26.66～50.66 kPa 之间，表示气门机构失调，气门开启过迟。

（3）怠速时真空表指针低于正常值，表示活塞环、进气管漏气，也可能与点火过迟或配气过迟有关。

（4）怠速时指针在 40.53～60.80 kPa 之间缓慢摆动，表示混合气不良（浓或稀）。

（5）怠速时真空表指针在 33.78～74.31 kPa 之间缓慢摆动且随转速升高而加剧摆动，表示气门弹簧弹力不足、气门导管磨损或气缸垫泄漏。

（6）怠速时真空表指针有规律地跌落，表示气门烧毁（气门烧毁的气缸工作时，指针就会跌落）。

（7）真空表指针最初指示较高，怠速时逐渐下落至零，表示排气消声器或排气系统阻塞。

（8）怠速时真空表指针很快在 46.66～57.33 kPa 之间摆动，升速时指针反而稳定，表示进气门（漏气）及其导管磨损、松旷。

（9）大修发动机四冲程汽油机转速在 600～800 r/min 时，进气管真空度应在 57.33～70.66 kPa 范围内。

（10）波动范围：对于六缸汽油机一般不超过 3.33 kPa；对于四缸汽油机一般不超过 5.07 kPa。

三、导致真空度不符合规范的原因分析

发动机进气歧管真空度的测定可以用来诊断气缸活塞组的磨损情况、配气机构的技术状况以及点火系统和供油系统的调整状况。

测定前,将点火系统和供油系统调整至正常状态。起动发动机并预热至正常工作温度,然后把真空表软管接到进气歧管上,保持发动机在稳定怠速下运转,即可通过真空表的指示值来分析判断气缸活塞组和配气机构的技术状况。

1. 发动机密封性正常

真空表指针应稳定在 50～70 kPa 之间。海拔每增加 304.8 m,真空表读数相应降低 3.38 kPa。发动机密封正常读数如图 1-2-1(a)所示。

2. 气门与气门座不密封

该气门处于关闭状态时,真空表指针跌落 3～23 kPa,而且指针有规律地波动,如图 1-2-1(b)所示。

3. 气门与导管卡滞

当气门处于关闭状态时,真空表指针为有规律地迅速跌落 10～16 kPa,如图 1-2-1(c)所示。

4. 气门弹簧折断或弹力不足

发动机在 200 r/min 下转动,真空表指针在 33～74 kPa 范围内迅速摆动。某一只气门弹簧折断,指针将相应产生快速波动,如图 1-2-1(d)所示。

5. 气门导管磨损

真空表读数较正常值低 10～13 kPa,且缓慢地在 47～60 kPa 范围内摆动,如图 1-2-1(e)所示。

6. 活塞环磨损

发动机转速升至 2 000 r/min 时,突然关闭节气门,真空表指针迅速跌落至 6～16 kPa 以下;当节气门关闭时,指针不能回复到 83 kPa,当迅速开启节气门时,指针不低于 6～16 kPa,则活塞工作良好,如图 1-2-1(f)所示。

7. 气缸衬垫窜气

真空表读数从正常值突然跌落至 33 kPa,当泄漏气缸在工作行程时,指针又恢复正常值,如图 1-2-1(g)所示。

8. 混合气过稀、过浓

混合气过稀时,指针不规则跌落,混合气过浓时,指针缓慢摆动,如图 1-2-1(h)所示。

9. 进气歧管衬垫漏气与排气系统堵塞

进气歧管漏气时,真空表指示值比正常值低 10～30 kPa,排气系统堵塞时,发动机转速升至 2 000 r/min 突然关闭节气门,真空表指针从 83 kPa 跌落至 6 kPa 以下,并迅速恢复至正常,如图 1-2-1(i)所示。

10. 点火过迟

真空表指针稳定地指示在 47～57 kPa,如图 1-2-1(j)所示。

11. 气门开启过迟

真空表指针稳定地指示在 27 ~ 50 kPa，如图 1-2-1（k）所示。

12. 火花塞电极间隙太小或断电器触点接触不良

真空表指针缓慢地在 47 ~ 54 kPa 之间摆动，如图 1-2-1（l）所示。

图 1-2-1 真空表诊断故障的参数值

项目三　检测汽油机燃油压力

（1）卸压。先拔下燃油泵熔丝、继电器或油泵插头，再起动发动机，直至发动机自行熄火后，再次起动发动机 2 ~ 3 次，然后拆下蓄电池负极。

（2）安装燃油压力表，如图 1-3-1 所示。将燃油压力表串接在进油管中，对于带测压口的车辆，将燃油压力表连接到测压口上，在拆卸油管时要用一块毛巾或棉布垫在油管接口下，防止燃油泄漏在地上。

第一部分 汽车维护

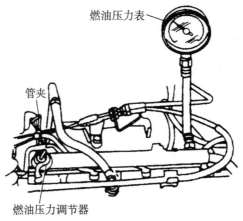

图 1-3-1 测试燃油压力

（3）检测油压。需要检测的油压包括：静态油压、怠速油压、最大油压、剩余油压。①静态油压：不起动发动机，用跨接线连接油泵诊断接头上的两个端子（丰田车系的"+B"与"FB"端子），并将点火开关转至 ON 位置，令油泵工作，静态油压一般在 300 kPa 左右。②怠速油压：装复燃油泵熔丝或继电器，起动发动机，使燃油泵在怠速下运转，此时燃油压力表读数为怠速油压，丰田车系的怠速油压正常值应为 200～300 kPa。③最大油压：用包有软布的钳子夹住回油管，此时燃油压力表的读数为油泵最大供油压力，一般为正常工作油压的 2～3 倍。④剩余油压：松开油管夹钳，发动机熄火，燃油泵停止运转 10 min 后，油管保持压力应大于 150 kPa。

注意单位换算：1 MPa=1 000 kPa、1 kPa=1 000 Pa。

二、注意事项

（1）注意通风，防止火源，准备好消防设施。
（2）在拆卸燃油管之前一定要先卸压。
（3）油管不得有老化、渗漏现象。
（4）密封件、卡扣为一次性零件，维修时应更换。
（5）在起动发动机时注意安全。

三、测量结果分析

油压分析：

测量结果分为油压为零、油压正常、油压过高和油压过低四种情况。若油压为零，先检查油箱存油量，油道是否严重外泄，燃油滤清器是否完全堵塞。排除可能性后，油压依然为零，则需检查燃油系统的控制电路，如熔丝是否烧断，继电器是否不工作，油泵电路线束是否开路，油泵是否损坏等。

若油压过高，主要检查压力调节器顶部的真空管是否松脱或破裂漏气，或油压调节器回油管是否堵塞等。

若燃油压过低，或油泵停止工作 2～5 min 内油压迅速下降，在排除油路向外泄漏的前提下，则存在喷油器泄漏、燃油压力调节器故障、燃油滤清器堵塞、油泵故障的可能。

项目四　汽油机尾气排放量检测

一、准备工作

1. 实验车准备

（1）实验车发动机应达到规定的预热状态，排气系统不得有泄漏。

（2）应保证取样探头插入排气管内的深度不小于 300 mm，否则排气管应加长，并保证接头不小于 300 mm 且不漏气。

2. 仪器准备

（1）清洁取样探头，做到无尘、无水分。

（2）开启仪器电源开关 30 min 后，再开启计量泵开关，仪器进入自校状态，10 s 后进入测量状态。

（3）对汽车排放尾气中的 HC、CO、CO_2 浓度进行检测。

二、仪器准备和测试步骤

1. 仪器准备

以 NHA-401 型废气检测仪为例，其正面如图 1-4-1 所示，背面如图 1-4-2 所示。对仪器预热 30 min 以上，按测量键让洁净空气进入仪器观察荧屏 HC、CO、CO_2、O_2 浓度应该为 0，若不为 0，可按调零键，则仪器立即进行自动调零。

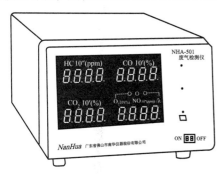

图 1-4-1　NHA-401 型废气检测仪正面

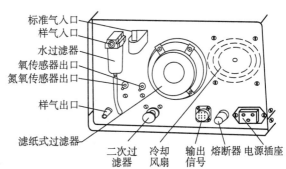

图 1-4-2　NHA-401 型废气检测仪背面

2. 测试步骤

（1）检查取样探头和导管内有无残留 HC，如果管内壁吸附残留 HC 很多，仪表指示会大大超过零点以上，要用压缩空气或布条去清洁取样探头和胶管。

（2）使汽车发动机预热至 80 ℃以上，发动机应在正常运转状态下，调整好怠速和点火提前角、空气滤清器。

（3）将取样探头插入排气管中，发动机由怠速加速至怠速的 1.7 倍，维持 60 s 后降至怠速状态，按测量键，发动机在怠速状态维持 15 s 后开始读数，读取 30 s 内最高值。

（4）按打印键，可利用打印机将测量结果打印出来。

（5）测量结束后，把取样探头从排气管里抽出来，应让采样泵持续工作 5 min，让它吸入新鲜空气，按复位键，待仪器复位后，再进行下一次测试，如不进行测试，则可关机。

三、条件要求

（1）检测前应将发动机怠速和点火正时调至最佳状态。

（2）检查排气系统不得有任何泄漏。

（3）检测时间间隔为 5 ~ 10 min。

四、诊断结果分析

（1）HC 超标：混合气燃烧不完全（通常为油路、火花塞或电路故障）引起。

（2）CO 超标：混合气过浓（检查清洁和调整油路，调整点火正时）引起。

（3）CO_2 超标：读数过低为混合气过稀，过高则为混合气过浓（可调整怠速）引起。

五、注意事项

（1）要防止把水、汽油和灰尘等吸入仪器，否则会影响滤清器、泵、分析部位的正常工作，甚至损坏。

（2）不要过度拉伸取样，以免导致连接处破损。

六、容易出现的问题

（1）待测车辆未预热至工作温度就开始测量。

（2）取样探头和导管内还有残留废气，没用压缩空气或布条等清洁干净就开始测量。

（3）测量结束后，把取样探头从排气管里抽出便立即关机。

项目五 更换活塞环

一、旧活塞环的拆卸

（1）抽出油尺，拆下测量导管，将缸体平卧进行拆卸。拆下润滑油盘固定螺栓，取出润滑油泵总成。

（2）转动曲轴使活塞处于下止点位置，再用扭力扳手及相应的套筒拆下连杆盖上的紧固螺母，取下连杆瓦盖。

（3）用锤柄或木棒将连杆组件推出气缸，取出后将连杆盖及连杆螺栓螺母装回连杆。

（4）用活塞环拆装钳依次拆下各个活塞环。

二、新活塞环的组装

1. 先装组合油环

普通油环用手直接安装即可。对于组合式（三片式）油环，首先选择适当的油环扩张器，将它先装入油环槽内，再装上、下刮片，先将刮片一端装入活塞环槽内，利用手指将剩余部分细心地压入槽内并使两个刮油环的开口互成180°，如图1-5-1所示。

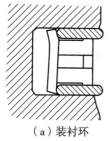 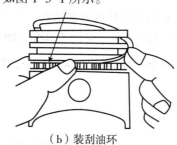

（a）装衬环　　　　　　（b）装刮油环

图1-5-1　组合式油环的装配

2. 装入各道气环

将选配好的活塞环按第三、二、一道的顺序用活塞环拆装钳依次装入相应的环槽中，活塞环的端部侧面有装配标记（活塞环边有圆点、文字或数字标记的，此端面应朝向活塞顶部；有切槽的扭曲环，其内切槽向上，外切槽向下）。

三、技术要求

开口间隙：第一道气环的开口间隙为 0.20 ~ 0.40 mm，

第二道气环的开口间隙为 0.15 ~ 0.35 mm,

油环的开口间隙为 0.15 ~ 0.35 mm。

侧隙:第一道气环的侧隙为 0.03 ~ 0.07 mm,

第二道气环的侧隙为 0.03 ~ 0.07 mm,

油环的侧隙为 0.025 ~ 0.07 mm。

四、注意事项

各道活塞环开口分布:3 道活塞环开口的分布互成 120°,如图 1-5-2 所示。4 道活塞环开口的分布互成 90°,其中 1、2 两道环口互成 180°,且第一道气环开口必须在活塞非侧压力一方,并与活塞销轴线成 45°,如图 1-5-3 所示。

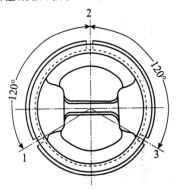

图 1-5-2 3 道活塞环开口的分布

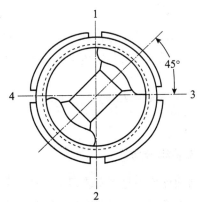

图 1-5-3 4 道活塞环的开口分布

活塞环背隙检查:将活塞环放入环槽内,活塞环的宽度应低于活塞环槽岸,用深度游标卡尺测量时,环槽的深度与环的宽度之差即为环的背隙。

背隙一般为 0 ~ 0.35 mm。背隙过大或过小,都应重新选配。

项目六 检查曲轴轴向间隙

一、操作步骤

曲轴轴向间隙又称曲轴的端隙,如图 1-6-1 所示。把曲轴装到气缸体上后,应检查曲轴轴向间隙的大小,间隙过大将导致曲轴发生轴向窜动,加速气缸的磨损;间隙过小会使机件因热膨胀而卡死。

项目六 检查曲轴轴向间隙

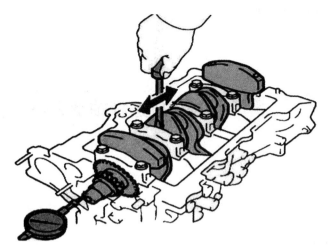

图 1-6-1 检测曲轴轴向间隙

曲轴轴向间隙的检查有如下两种情况。

1. 发动机不解体情况下的检查

（1）拆下飞轮壳底盖。

（2）将百分表底座固定在飞轮壳上。

（3）调整磁性表座架连接杆，使百分表触头抵触飞轮的外平面，留出1mm左右的顶压量，然后转动表盘使表针指在"0"位上。

（4）用撬棒在曲轴主轴承座与曲臂之间前后撬动曲轴，百分表指针的摆动值即为曲轴轴向间隙。

2. 发动机解体的情况下检查

将气缸体倒置，用撬棒前后撬动曲轴，如图 1-6-2 所示，再用厚薄规在止推片处曲轴臂与止推垫圈之间进行测量。

图 1-6-2 撬动曲轴检测曲轴的轴向间隙

二、技术要求

曲轴轴向间隙一般为 0.08～0.20mm，使用极限为 0.30mm，如果实际间隙值不符合要求，则应通过更换或修正止推垫圈进行调整。

项目七 检查曲轴连杆轴承间隙

一、操作步骤

（1）拆下发动机油底壳。
（2）拆下被检查的曲轴轴承盖。
（3）擦净曲轴及轴承上的润滑油。
（4）根据轴颈长度剪下一段塑料规，按与曲轴轴线平行的方向将塑料规放在轴承盖上，如图 1-7-1 所示。

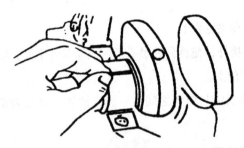

图 1-7-1 放置塑料规

（5）装上轴承盖并按规定扭矩（50N·m）拧紧轴承盖上的螺钉，如图 1-7-2 所示。
注意：拧紧时不可转动曲轴，以防损坏测量间隙的塑料规。

图 1-7-2 拧紧螺钉

（6）拆下轴承盖用外径千分尺测量塑料规的厚度，则该厚度即为配合间隙。也可以用测隙规对照塑料规的厚度读取间隙值，如图 1-7-3 所示。

项目八 检查调整柴油发动机供油正时

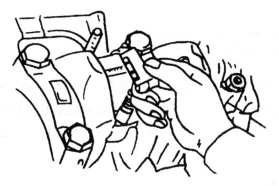

图 1-7-3 读取间隙值

（7）装回轴承盖，并按规定扭矩拧紧轴承盖上螺钉。
（8）安装发动机油底壳。

 二、技术要求

发动机连杆轴承间隙值应符合原厂家技术标准，如表 1-7-1 所示。

表 1-7-1 发动机连杆轴承间隙值技术标准（mm）

车型	连杆轴承间隙	使用极限
富康 DC7140 型轿车发动机	0.03 ~ 0.06	0.08
捷达轿车发动机	0.03 ~ 0.06	0.08
本田轿车发动机	0.03 ~ 0.06	0.08
奥迪 100 型轿车发动机	0.02 ~ 0.06	0.12
6135 型柴油发动机	0.06 ~ 0.132	0.25

项目八　检查调整柴油发动机供油正时

供油提前角的调整有两种：一为静态调整，即在静态时把供油提前角调整到合适值；二为动态自动调整，即在柴油机运转时随转速变化自动修正提前角。这里主要介绍供油提前角的静态调整。

当没有测试工具时，可以使用经验方法进行应急调整，当有条件时必须按规定调整。

柴油机出厂前及工作一段时间或拆装后，都需要进行供油提前角的检查与调整。供油提前角实际上是喷油泵凸轮轴与柴油机曲轴间的相对角位置，因此供油提前角的调整就是改变两轴间的相对角位置关系。

第一部分 汽车维护

一、柴油机发动机供油正时的检查

喷油时刻提前至活塞压缩行程上行程结束之前的一段行程，即当时曲轴位置与气缸中心线之间的转角（夹）角称为喷油提前角。一般直接喷射式燃烧室的喷油提前角为25°～35°，分隔式燃烧室的喷油提前角为15°～30°。轻型车（≤2.5 t）18°～25°，重型车（≥2.5 t）25°～33°。

1. 就机检查供油正时

喷油泵固定在柴油机上，可能因为各种情况造成供油正时不准，这时需要检查供油正时。

（1）一人摇转曲轴使第一缸活塞处于压缩行程（即第一缸进、排气门都出现间隙）时，当固定标记正好对准飞轮或曲轴胶带轮上的供油提前角记号时，停止摇转曲轴。

（2）对于有喷油泵第一分泵开始供油正时标记的，检查联轴器（或自动提前器）上的定时刻线标记是否与泵壳前端的刻线记号对上。若两个记号正好对上，则说明供油正时正确；若联轴器上的标记还未到泵壳刻线记号，则说明供油时间过晚；若联轴器上的标记已超过泵壳刻线记号，则说明供油时间过早。

对于联轴器和泵壳前端无刻线记号的，此时应该拆下喷油泵第一缸高压油管，一人摇转曲轴，当快要到达第一缸供油提前角位置时，缓慢摇转曲轴，另一人凝视第一缸出油阀的出油口油面，当油面刚刚向上动时，停止摇转曲轴，检查飞轮或曲轴胶带轮上的供油提前角刻线是否与其对应的指针对上（为以后检查方便，这时可在联轴器和泵壳上补做一对正时记号）。

2. 装机校准供油正时

柴油机大修和喷油泵检修后重新安装时，必须检查供油正时。

（1）顺时针摇转曲轴，使第一缸活塞处于压缩行程上止点前规定的供油开始位置，即固定标记对准飞轮或曲轴胶带轮上的供油提前角记号。

（2）转动喷油泵凸轮轴，使喷油泵联轴器（或自动提前器）上的定时刻线标记与泵壳前端上的刻线记号对准。

（3）向前推入喷油泵，使从动凸缘盘的凸块插入联轴器并与之接合，在拧紧主动凸缘盘和中间凸缘盘的两个螺钉时，应使两个凸缘盘上的零标记对准，这样即可保证柴油机的供油提前角符合要求。

3. 调整供油正时的方法

在检查供油正时时，如果发现供油提前角过小或过大，就要进行调整，常用的调整方法如下。

（1）转动泵体调整。用正时齿轮和花键轴头直接插入驱动喷油泵，大多用三角固定板或法兰盘与机体相连。三角固定板和法兰盘上分别有3个或4个弧形长孔。采用上述方法固定喷油泵，如果检查的供油正时不准，则只需松开相应的3个或4个固定螺栓，通过弧形长孔，适当转动泵体来调整供油提前角即可。

调整时，将泵体逆着驱动轮的旋向转动一个角度，就可使供油提前角增大；如将泵体顺着驱动轮旋向转动，则可使供油提前角减小。

（2）转动泵轴调整。用联轴器驱动的喷油泵，在连接盘上有 2 个弧形长孔。调整供油提前角时，可松开连接盘上的 2 个固定螺栓，将喷油泵凸轮轴顺旋向转动一个角度，便可增大供油提前角；逆旋向转动一个角度，则可减小供油提前角。调整完后，拧紧连接盘上的 2 个固定螺栓即可。

二、测量结果分析

（1）喷油过早。起动时发动机怠速不稳定，突然加速时气缸内发出有节奏的清脆金属敲击声。

（2）喷油过迟。发动机起动后发闷，突然加速时，发动机转速不能随之提高，造成气缸内产生低沉的不清晰敲击声。

三、调整

（1）将喷油量控制杆推至最大供油位置，并排除喷油泵内的空气。

（2）根据联轴器上的刻线与喷油泵前轴承盖上的刻线相对位置偏差进行调整，由第一分泵供油开始。

（3）通过调整喷油泵上第一分泵的调整螺钉进行调整，如图 1-8-1 所示。如供油时间过迟，应将该分泵柱塞副挺杆上的正时螺钉旋出；如供油时间过早，则将该分泵柱塞副挺杆上的正时螺钉旋入，反复调试，直至符合标准。

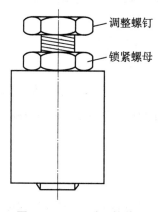

图 1-8-1　正时调整装置

（4）第一缸调整完毕后，依照喷油泵的供油顺序，以第一缸为准，调整其他各缸的供油时间。例如，6 缸发动机的供油顺序为 1-5-3-6-2-4，在调整第五缸供油时间时，应以第一缸开始供油时间在刻度盘上的标记为起点，旋转 60°，正好是第五缸开始的供油时间。各缸供油误差应在 ±0.5° 范围内。

（5）如某缸供油时间过迟，应将该分泵柱塞副挺杆上的正时螺钉旋出；如某缸供油时间过早，则将该分泵柱塞副挺杆上的正时螺钉旋入，反复调试，直至符合标准。

项目九　检查与调整转向轮前束

一、操作步骤

（1）检测前准备。

（2）检查轮胎气压及轮胎的表面状况。

（3）将汽车以规定的速度驶过侧滑试验台前轮侧滑量。

（4）调整完毕，再次检查前轮侧滑量。

二、操作过程

（1）首先检查车轮毂轴承。

（2）检查转向节主销是否松动，松动则必须调整。

（3）检查横直拉杆球头是否松动，松动则必须调整或更换。

三、检查轮胎气压及轮胎的表面状况

（1）检查左右前轮轮胎气压、型号是否一致，是否符合要求。

（2）检查轮胎花纹深度要求：小车的轮胎花纹深度为 1.6 mm，大车的轮胎花纹深度为 3.2 mm。

四、检查前轮前束

（1）将汽车停放在平坦的路面上并使前轮处于直线行驶位置。

（2）在每一车轮轴线的轮胎中心面上做上记号，然后由后面测量左右两个记号的距离。

（3）将汽车向前推行，直到位于轮胎后面的记号转到前方为止，测量位于轮胎前面两个记号之间距离。

（4）两次测量应在轮胎的同一点和同一高度进行，两次测量得出数值之差即为前束值，如图 1-9-1 所示。

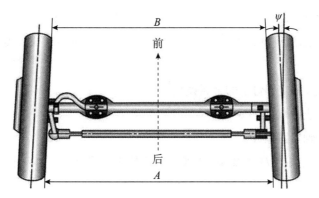

图 1-9-1 检查前轮前束

五、调整前轮前束

（1）松开横拉杆两端的防松螺母。

（2）转动横拉杆或左右横拉杆使其伸长或缩短，调至规定值范围即可。

（3）将前束值调至规定值范围，然后拧紧横拉杆两端的锁紧螺母（标准侧滑量为 ±5mm），如图 1-9-2 所示。

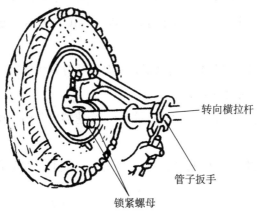

图 1-9-2 调整前轮前束

项目十　拆装变速器盖

一、拆卸变速箱盖

（1）将变速杆置于空挡位置，拆下变速器盖顶 4 个固定螺栓，拆下变速器盖、变速器杆、定位弹簧,如图 1-10-1 所示。

(2)将变速器盖总成倒置,固定在台架上,拆下变速器顶盖总成、变速杆防转销,取出锥形弹簧。

(3)拆除变速拨叉固定螺钉上的金属锁线。

(4)拧下变速叉止动螺钉。

(5)拆下各拨叉轴紧固螺钉。

(6)检查1挡、倒挡、2/3挡及4/5挡拨叉轴均处于空挡位置,由后至前拆下2/3挡拨叉轴,取下拨叉。

(7)依次从后向前取出1挡、倒挡、2/3挡及4/5挡拨叉轴及拨叉,取下变速器及导块。

(8)卸下变速器盖,分别取出3个自锁弹簧、4个互锁钢球、1根互锁线、3个自锁钢球。

二、安装变速器盖

(1)先将1挡、倒挡拨叉轴及4/5挡拨叉轴装入,且均处于空挡位置,再装入2/3拨叉轴。

(2)将变速拨叉轴装在变速器盖上相应的孔中。安装变速器拨叉轴时,先将锁止弹簧、自锁钢球、互锁销及锁销钢球刚入定位槽中,再将导向轴从斜面插入,使钢球不被弹出。然后敲击拨叉轴,使拨叉轴抵住导向轴,快速通过后,取出导向轴,如图1-10-2所示,再装上2/3挡、4/5挡、1挡、倒挡拨叉轴及导块。

(3)拧入变速叉及导块止动螺钉,拧紧后用钢丝锁线分别将螺钉锁紧在叉轴上。在变速器盖前端轴孔上打入边缘上涂有密封胶的塞片。

(4)在变速器处于空挡位置时,装上密封衬套、变速器盖总成(在变速器壳体顶面定位孔中打入定位销后再装)。

(5)在螺栓上涂上密封胶,并把它们装到变速器盖总成上,拧上放油螺栓。加注润滑油,拧上加油螺栓。

装配时注意事项:

(1)变速杆球头在放入球头座后,应使环头平面与盖平面处于同一高度,若球头销平面高出过多,则应更换球头销座。

(2)变速杆限位销钉直槽的配合间隙应不大于 0.20 mm,若过大时,需另配销钉。

(3)变速器盖总成安装好后,应进行挂挡试验,扳动变速杆至各挡位时,需要相应的力方可扳动,但不宜过紧、过松,并能明显感觉到自锁装置的锁止作用。扳动变速杆,逐一进行挡位试验,用手转动一轴,则二轴应同时转动,但不能产生滑转现象。

项目十一 检查与补充空调系统制冷剂

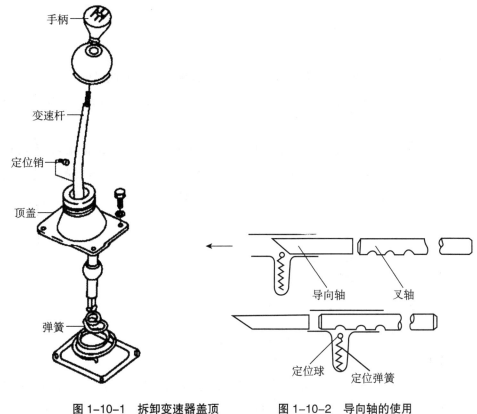

图 1-10-1 拆卸变速器盖顶　　图 1-10-2 导向轴的使用

项目十一　检查与补充空调系统制冷剂

一、检查空调制冷系统压力

用雪种压力表检查：

（1）拆下高、低压管上的接头护盖，关闭雪种压力表上的两个手动阀，把压力表连接到高、低压管的检修阀上，低压软管连接到低压检修阀上，高压软管连接到高压检修阀上，中间软管的末端放在一块干净的布条上。注意：软管接头只能用手拧紧。

（2）把低压手动阀稍微打开几秒，利用制冷系统内的制冷剂将低压软管内的空气排出，然后将其关闭，再用同样方法排出高压软管内的空气。

（3）起动发动机，开启空调设备，在制冷系统正常运转时压力值应符合规定要求。如果系统压力不符合要求,应进行抽真空,补充制冷剂。

二、技术要求

在 30 ℃ ~ 35 ℃的环境温度下,保持发动机转速为 2 000 r/min,将吹风机开关开到最高挡,选用最强冷却挡。此时高压侧系统压力应为 1422 ~ 1471 kPa,低压侧系统压力应为 147 ~ 196 kPa。

通过视镜观察:

擦干净储液干燥器上的视镜,从视镜中初步判定制冷剂量。从视镜观察制冷剂应没有气泡,不应看到液体流动,用手感觉比较制冷管道及有关部件的温度。压缩机出口至冷凝器、干燥过滤器、膨胀阀为高温高压区略烫手(50 ℃ ~ 70 ℃),膨胀阀至蒸发器、压缩机入口为低温低压区,温度应较低(0 ℃ ~ 5 ℃)。

三、空调系统抽真空的步骤

(1)把系统与雪种压力表连接好。

(2)把雪种压力表组上的中间软管和真空泵相连。

(3)打开雪种表高低压阀,释放系统内的全部压力。

(4)起动真空泵,先抽真空 15 min,使低压压力表指示的真空度为 95 ~ 97 kPa。关闭高低压阀做气密试验,表针 10 min 内不得回升 3.4 kPa 以上。若不符合要求,则应检查泄漏地方并进行修复。若符合要求则无泄漏,可继续抽真空,一直达到低压表指示在 100 kPa 以上。完成抽真空试漏以后,为进一步检查系统的密封性,应向系统内充注少量制冷剂,并使其压力达 0.1 ~ 0.2 kPa,用卤素检漏灯对系统进行全面检漏。

(5)关闭雪种压力表组上的高低压力阀,然后关闭真空泵,防止空气进入。

四、补充制冷剂的操作步骤

一般在系统抽完真空后立即补充制冷剂,气体制冷剂在低压侧进入(一般采用氟利昂 R12 或 R134a 制冷剂)。

(1)从真空泵上卸下压力表中间的软管,并将软管与制冷剂罐连接起来。

(2)制冷剂罐直立,拧开制冷剂罐上的充气阀,使注入阀顶开制冷剂罐,制冷剂便进入充气软管内。

(3)稍微拧松压力表座上的中间软管接头,使制冷剂逸出几秒钟,让制冷剂将原管内的空气赶走,然后拧紧该管接头。

(4)打开表座上的低压端手阀,向系统注入制冷剂。

(5)起动发动机和开动空调系统,使发动机转速 1 000 ~ 1 500 r/min,将温度控制开关置于最大冷却位置，将风扇开关置于高速位置，同时从观察直到系统内气泡消失为止，使制冷剂加注到规定量为止。

（6）确定制冷剂充注量是否适当。系统高、低压端压力趋于标准值，从观察镜窗口观察应无气泡出现，制冷剂清晰，运行时有个别气泡，停转，则气泡消失。

五、容易出现的问题

（1）把雪种压力表连接到压缩机的检修阀上时动作过于缓慢，导致系统内制冷剂泄漏。

（2）充注制冷剂前忘记稍微拧松压力表座上的中间软管接头，没有让制冷剂逸出几秒钟，造成原管内的空气未被赶走。

六、汽车空调常见故障与诊断

1. 不制冷故障

故障现象：打开空调开关，各出风口正常出风，但不是冷风，把开关调到最冷，仍不出冷风。

故障原因：

（1）压缩机带过松。

（2）冷凝器电子风扇不转（电磁开关损坏、电磁继电器损坏、冷气泵电路故障）。

（3）离合器不吸合（离合器损坏、制冷剂过多或过少、压力保护开关损坏、外部温度开关损坏）。

（4）压缩机损坏。

（5）膨胀阀损坏。

（6）制冷回路泄漏、堵塞。

（7）空调继电器损坏。

2. 制冷不足故障

故障现象：打开空调开关，各出风口能出冷风，但冷度不够，把温度调到最低，出风冷度仍不够。

故障原因：

（1）压缩机带过松。

（2）电磁离合器间隙调整不当或摩擦片不平或有油污。

（3）压缩机内部件磨损严重，配合松旷。

（4）制冷剂过量。

（5）送风机故障（空调格栅堵塞）。

七、常见汽车空调故障诊断方法

在检查空调系统故障时，通常通过以下一些基本方法进行故障的初步判定。

1. 眼看

（1）在汽车运转时，观察空调系统各零部件是否处于正常工作状态。

（2）让空调系统处于最大制冷状态，通过储液干燥瓶视液镜观察制冷剂是否适量。

如果视液镜出现连续不断的气泡，则说明制冷剂严重不足；如果每隔1~2 s有气泡出现，则说明制冷剂不足。

（3）检查各管路接头处是否有油污及灰尘、冷凝器表面脏不脏、散热片是否变形，如果有油污和灰尘，则可能存在泄漏。

2. 耳听

（1）按下空调起动开关，听电磁离合器有无刺耳噪声，如果出现噪声，则可能是电磁离合器老化导致吸力不足进而造成离合器打滑。

（2）空调在工作中如果出现液击声，则可能是膨胀阀开度过大或制冷剂过多，应更换膨胀阀或释放制冷剂。

3. 手摸

（1）低压回路温度比较低，用手摸膨胀阀前后管路感觉有明显的温差，即前热后冷。

（2）用手感觉车厢内的出风口有凉爽感觉，车厢内外应该保持7 ℃~8 ℃的温差。

（3）如用手触摸高低压回路没有明显温差，说明制冷剂不足，或制冷系统出现泄漏，使制冷剂严重不足。

4. 仪器测量

利用检漏机可以检查各接头或管路是否存在泄漏，如图1-11-1所示。

图1-11-1 用检漏机检查管路泄漏

项目十二　用解码器读取故障码

下面以元征汽车电眼睛解码器为例介绍用解码器读取故障码的方法。

（1）选择测试接头。X-431电脑解码器带有各种测试接头。测试时，根据各种汽车诊断座的类型，选择相应的测试接头，将其插入故障诊断插座。

（2）确定诊断位置。不同车型的诊断位置不同。

（3）汽车蓄电池电压应在11~14 V，X-431解码器的额定电压为12 V。

（4）节气门应处于关闭状态，即怠速触点应闭合。

（5）点火正时和怠速应在标准范围内，水温和变速器油温达到正常工作温度（水温90 ℃ ~ 110 ℃，变速器油温50 ℃ ~ 80 ℃）。

（6）连接仪器。将CF卡插入X431的CF卡插槽内。注意：使印有"UP SIDE"字样的一面朝上，且确保插入到位。将X431主测试线的一端插入SMARTBOX数据接口内。将X-431主测试线的另一端与选择的测试头相连接。将测试接头的另一端与汽车诊断座相连接，如图1-12-1所示。

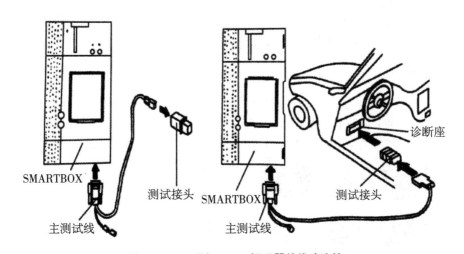

图1-12-1　元征X431解码器的线路连接

（7）打开汽车电源开关。如果所测汽车的诊断座电源不足或其电源引脚损坏，可通过以下任一方式获取电源。

① 通过点烟器线。取出点烟器，将点烟器线的一端插入汽车点烟器孔，另一端与X431主测试线的电源插头连接。需关闭点火开关时，应先关闭X431开关，以防止非法关机。

② 通过双钳电源线。将双钳电源线的电源钳夹在蓄电池的正、负极，另一端插入X431主测试线的电源插头。

③ 通过电源转接线。将电源转接线的一端插入100～240V交流电源插座，另一端插入开关电源的插孔内，并将开关电源的电源插头与X431主测试线的电源插头连接。

二、操作步骤

（1）将仪器准确地与被测车诊断插口连接完毕后，按POWER键启动X431解码器，解码器屏幕经启动后直接进入起动界面，如图1-12-2所示。

（2）点击启动界面左下角"开始"按钮，选择诊断程序的"汽车解码程序"，屏幕进入如图1-12-3所示的等待界面。

图1-12-2　元征X431解码器启动界面

图1-12-3　元征X431解码器等待界面

（3）点击"开始"按钮，屏幕显示如图1-12-4所示的选择车系菜单。X431汽车诊断程序都是以该车型车标图形为按钮，只要单击与其汽车相对应的图标，即可进入该车系的选择系统（即诊断软件版本）菜单的开始界面，如图1-12-5所示。

图1-12-4　X431解码器选择车系菜单 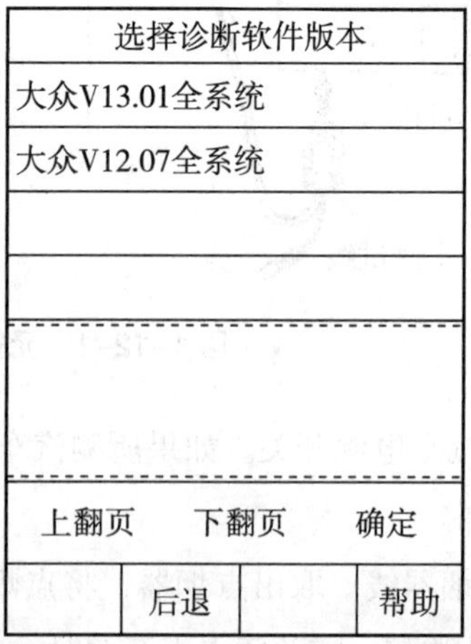　　图1-12-5　X431解码器选择诊断软件菜单

项目十二　用解码器读取故障码

（4）选择被检测车所属的系统后再点击"确定"按钮，X431将对SMARTBOX进行复位和检修，并从CF卡下载诊断程序。下载完毕后，屏幕将会显示如图1-12-6所示界面（汽车解码程序）。点击"确定"按钮仪器将继续进行测试。进入选择诊断座（插头）菜单。

（5）点击选好的诊断座（OBD）后，点击"确定"按钮，屏幕显示如图1-12-7所示的选择插头菜单界面。点击"确定"按钮，进入车型界面，点击所选车型进入通信信息界面。点击"确定"按钮进入选择菜单界面。

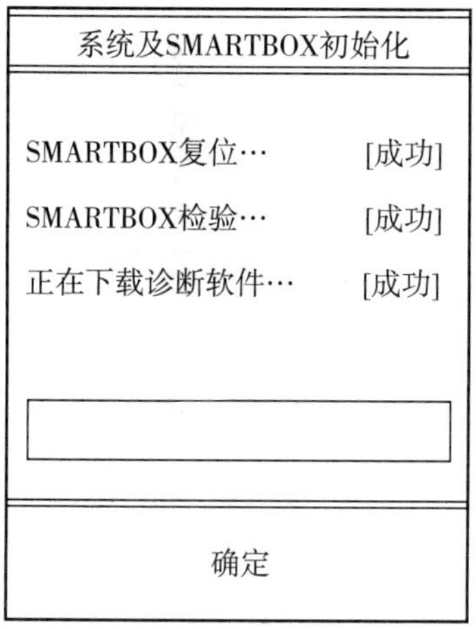

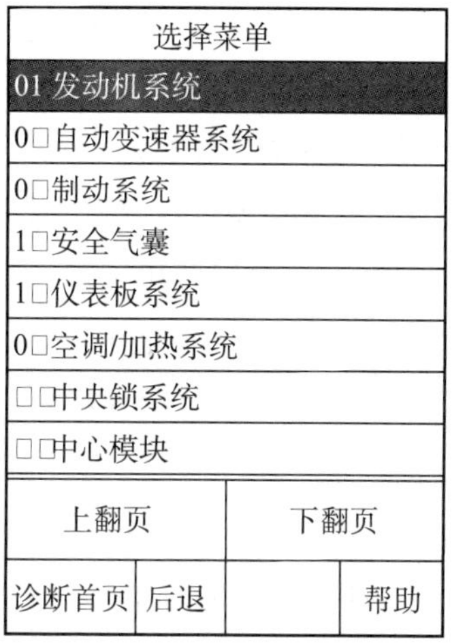

图1-12-6　X431解码器软件下载界面　　图1-12-7　X431解码器系统选择菜单

（6）点击选好的系统。以检测发动机系统为例，选择发动机系统，如果通信成功，屏幕将显示所测系统控制计算机相关信息，如计算机型号、系统类型、发动机类型、适用配置的设定型号等。

（7）点击"确定"按钮，屏幕显示如图1-12-8所示的诊断系统功能的诊断菜单。

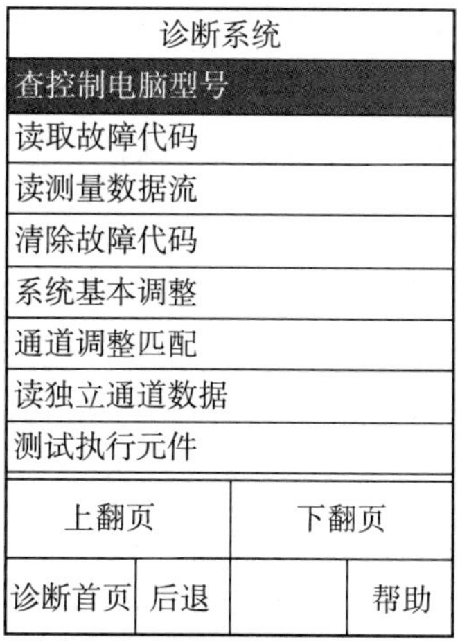

图1-12-8　X431解码器诊断系统的功能菜单

① 读取故障码。在功能菜单中，选择"读取故障代码"选项，X431开始读取计算机确认的故障码及故障内容等。测试完毕后，屏幕显示测试结果。

②读测量数据流。在功能菜单中，选择"读测量数据流"选项读取计算机的运行数据。X431要求用户输入数据流通道号，单击相应的数字即可输入通道号。在数据流显示界面中，选择数据流选项后，X431允许数据以数字或图形切换显示，选择"图形"选项和"数字"可以切换。在图形显示界面中选择"图形1"选项，屏幕显示所选数据流项的单相波形。在单个数据流的波形界面中，选择"图形2"选项，屏幕显示两个数据流项的波形，这样便于用户对相关联的数据流项进行实时对比。

③清除故障码。在功能菜单中，选择"清除故障代码"选项，则清除被设定的故障代码。

④系统基本调整。在功能菜单中，选择"系统基本调整"选项，根据车辆使用的国家、地区和发动机、变速器以及其他配置输入适当的设定号（coding number），点击相应的数字即可输入通道号。对于某些系统，在维修或保养后，必须对该系统进行基本调整。

⑤通道调整匹配。在功能菜单中，选择"通道调整匹配"选项，根据厂方的要求和实际需要修改和输入某些设定值，X431要求用户输入通道号。点击相应的数字即可输入通道号。输入正确的通道号，点击"确定"按钮，X431要求用户输入匹配值。输入正确的匹配值后，点击"确定"按钮执行通道调整匹配功能。

⑥读独立通道数据。在功能菜单中，选择"读独立通道数据"选项读取计算机的运行数据，X431要求用户输入通道号，点击相应的数字即可输入通道号。

⑦测试执行元件。在功能菜单中，选择"测试执行元件"选项驱动执行器件进行检测。

⑧控制单元编码。如果车辆的代码没有显示或主计算机已经更换，则必须给出控制单元编码。一个控制单元有时能够适应多种车型，这是由控制单元内部所存储的不同程序来决定的，控制单元的一个编码代表了其中的一个程序。所以，在更换控制单元时，一般先查看一下原车所用的控制单元编码，然后为新的控制单元编同样的编码。

⑨系统登录。在功能菜单中，选择"系统登录"选项，输入登录密码，点击"确定"按钮，开始进行登录。

⑩关机。点击左下角的"开始"按钮，再选择"关闭"选项。

（8）其他操作设置。

①保养/机油灯归零。在诊断界面选择"保养/机油灯归零"选项，进行保养或机油灯的归零。对于Golf Jetta汽车，在车辆需要进行某一项保养操纵时，相应的保养提示灯会点亮。上述系统采用了永久性存储器，因此即使断开蓄电池电缆，有关信息也不会被清除。

保养提示灯在里程表的显示窗内。将点火开关置于ON位置后，下列提示灯将会点亮3 s左右。

a. OLL 表示车辆行驶 12 068 km 或 6 个月更换发动机机油；

b. INI 表示车辆行驶 24 139 km 或 12 个月检查与维修；

c. IN2 表示车辆行驶 48 278 km 或 24 个月检查与维修。

②服务站代码设置。在某些车辆的维修过程中，有的功能必须进行服务站代码设定之后才能进行，如某些系统的"匹配"功能、"控制单元编码"功能。若没有进行服务站代码设定，这些

功能将无法实现。通过"服务站代码设置"选项可设置服务站代码。

（9）扩展功能。X431还设置了扩展功能，用户可以根据个人习惯对仪器的常见功能进行设置。扩展功能有系统信息、个人信息、工具、游戏、控制面板。

三、注意事项

（1）如果第一次使用X431的CF卡读写器，而且PC的操纵系统是Windows98，则需要用从该读写器附带的或购买的光盘中把它的驱动程序安装到PC中。

（2）如果PC使用的操纵系统是Windows Me/Windows XP、Mac OS9.x/Mac OS 或 Linux2.4x，则CF卡读写器在此PC上可以使用操纵系统自带的驱动程序，不需要安装驱动程序。

在Windows98操纵系统上安装驱动程序的步骤如下。

① 启动Windows98操纵系统。

② 将CDROM插入光盘驱动器。

③ 将CF卡读写器连接至计算机的USB接口。打开CDROM中的文件目录，找到并双击setup（安装）程序。此时系统进行安装前的准备工作。

（3）选择校准触摸屏后，不要在未出现十字光标提示时点击触摸屏。校准过程中，如果未能准确点中"+"符号，屏幕上将会反复出现十字符号，直到校准全部完成为止。

第二部分 汽车检修

一、翘曲变形的检测

1. 操作步骤

（1）清洗缸盖。用棉纱和扁铲清洗气缸盖平面。

（2）检查气缸盖下平面，将钢直尺放在工作平面上，用塞尺或灯光配合，在横向、纵向、对角线方向各选两个部位进行测量，如图 2-1-1 所示。

（3）侧立钢直尺，用塞尺测量钢直尺与气缸盖平面间的最大间隙值。

（4）以 6 个测量部位中最大值为气缸盖下平面的平面度误差。

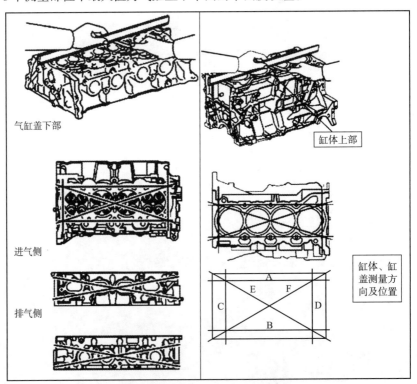

图 2-1-1　气缸盖平面度的测量

2. 技术要求及维修方法

平面度误差每 50 mm×50 mm 范围内应不大于 0.05 mm，纵向不大于 0.20 mm，横向不大于 0.05 mm。

气缸盖平面变形量小于 0.20 mm，可用"磨铣法"修整。用机床磨削或铣削时，磨铣量不大于 0.40 mm。

二、气缸盖燃烧室容积的测量

1. 操作步骤

（1）将研磨好的气门安装到气缸盖上，拧紧火花塞。

（2）使燃烧室向上，将气缸盖平置在平台上（两侧等高垫起）。

（3）用玻璃盖覆盖在燃烧室上且留一个小空隙。

（4）用注射器向燃烧室内冲入液体，当液面高度恰好达到玻璃片时则停止充入。再将充入燃烧室液体全部放入量杯中，测得的体积即为燃烧室容积。

2. 技术要求及维修方法

（1）解放牌 CA6102 型发动机气缸盖燃烧室容积为 125 ml。

（2）修理后燃烧室容积等于或大于标准容积的 95%。

（3）同一台发动机的各缸燃烧室容积差应小于或等于 4 ml。

（4）燃烧室容积不符合标准时可用磨削的方法扩大其容积。

三、气缸盖螺纹孔损坏的检测

气缸盖螺纹孔损坏一般用直观法检查。螺纹损伤最常见的是滑扣，螺纹孔螺纹损坏不能多于 2 牙，火花塞孔螺纹损坏不能多于 1 牙。

项目二　检测气缸体

一、缸体上下平面的平面度检验

（1）用棉纱和扁铲清洁缸体的上下平面。

（2）检查气缸体上平面，将直尺放在工作平面上，用塞尺配合，在 6 个位置上测量最大间隙。

要求：平面度每 50 mm × 50 mm 范围内不大于 0.05 mm，纵向不大于 0.20 mm，横向不大于 0.05 mm。

缸体的裂纹通常用水压试验进行检验，如图 2-2-1 所示。试验时，将气缸盖与气缸垫安装到缸体上，按规定力矩拧紧缸盖螺栓，将水压机出水管接头接到缸体前端的进水口处，封闭其他水道口，然后将水压入缸体水套中，并将水压提高到 350～450 kPa。

以上述压力保持 5 min 后，用手电筒或移动式照明灯检视气缸体各部，应无任何渗漏；如有漏水或水珠渗出现象，则说明该部位有裂纹，在渗漏部位做好标记，待修补后再做水压试验。没有水压机时，可用自来水及气泵配合检查。

图 2-2-1　缸体水压试验

气缸体螺纹孔与螺柱不能有 2 牙以上螺纹损伤。

1. 测量前的准备工作

（1）清洗被检验的气缸缸筒及上平面并擦干。

（2）根据气缸直径大小选择合适的接杆，旋入量缸表下端。

（3）根据被测气缸的标准尺寸用外径千分尺校对量缸表，并留出测杆伸长的适当数值（即预压 2 mm 左右），旋转表盘使"0"位对正指针，记录小指针指示数据，固定接杆螺母，并复校。

2. 检测方法

使用量缸表在活塞环工作区域内用两点测量法测量，在缸体上、中、下 3 个平面上量尺寸，再在同一平面与长轴成 90°处测量另外 3 个平面的尺寸，并做好记录，如图 2-2-2 所示。

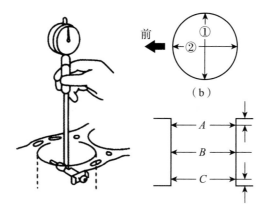

图 2-2-2 气缸体测量

在离气缸最低点 35mm 处的部位测量气缸的纵向、横向尺寸，此为该气缸标准公称尺寸（见表 2-2-1）。

表 2-2-1 气缸体测量数据 （mm）

位置	纵向（①）	横向（②）
上部（A）	100.11	100.12
中部（B）	100.04	100.08
下部（C）	100.02	100.03
圆度误差	0.02	
圆柱度误差	0.05	

3. 误差计算方法

圆度误差（在同一横截面内取值）：

（最大直径 – 最小直径）/2=（100.08–100.04）/2=0.02

圆柱度误差（在气缸壁上下处取值）：

（最大直径 – 最小直径）/2=（100.12–100.02）/2=0.05

4. 技术要求

气缸直径每 100 mm：圆度误差不大于 0.05 ~ 0.063 mm，圆柱度误差不大于 0.175 ~ 0.20 mm。

气缸直径磨损量应不大于 0.20 mm（以最大直径为准）。

四、修理尺寸

除标准外，一般有四级修理尺寸，以 0.25 mm 为一级（每级加大 0.25 mm，即二级为 0.50 mm，三级为 0.75 mm，四级为 1.00 mm），同一缸体各个气缸均为同一修理尺寸，以最大直径为准。

在同一横截面内取值，圆度偏差为：（最大直径−最小直径）/2。

在气缸壁任意一处取值，圆柱度偏差为：（最大直径−最小直径）/2。

对于汽油机，气缸直径的圆度误差不大于 0.05 mm，圆柱度误差不大于 0.20 mm。

对于柴油机，气缸直径的圆度误差不大于 0.063 mm，圆柱度误差不大于 0.25 mm。

项目三　凸轮轴的检修

一、凸轮轴裂纹检测

（1）把凸轮轴放在煤油或柴油中浸泡片刻。

（2）取出并擦净表面油膜，然后撒上白石粉。

（3）用手锤敲击凸轮轴非工作面，如有明显的油迹出现，则该处有裂纹。

二、凸轮轴弯曲变形检测

（1）将凸轮轴安装于车床两个 V 形架之间或以 V 形铁块安放于平板上以两端轴颈作为支点。

（2）用百分表测杆触头与中间轴颈表面接触，并缓慢转动凸轮轴一圈，测得百分表最大摆差的 1/2，即为凸轮轴弯曲度，如图 2-3-1 所示。

（3）如果弯曲度超过 0.05 mm，则必须对凸轮轴进行弯曲校正。

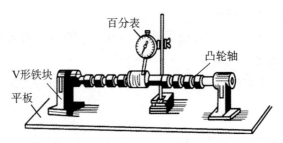

图 2-3-1　凸轮轴弯曲变形的检测

三、凸轮轴轴颈磨损检测

（1）用外径千分尺测量轴颈直径如图 2-3-2 所示。

（2）计算轴颈的圆度误差和圆柱度误差。

（3）检测技术标准：凸轮轴各轴颈轴线一致，所有轴颈圆柱度误差应不大于 0.01 mm，中间各轴承圆度误差应不大于 0.05 mm，安装正时齿轮轴颈圆度误差应不大于 0.04 mm。

项目三 凸轮轴的检修

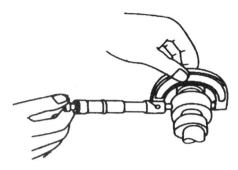

图 2-3-2 凸轮轴弯曲变形的检测

四、凸轮磨损检验（气门顶杆）

凸轮的损伤形式有凸轮工作面磨损、擦伤和点蚀（疲劳剥落），如图 2-3-3 所示。

（1）凸轮的擦伤和疲劳剥落的检查：一般可用目视法检查表面是否有擦伤和剥落的现象。

（2）凸轮升程的检查：用外径千分尺测量凸轮全高，全高减去基圆即为凸轮顶点中心线到基圆最低点距离，如果小于标准值 0.50 mm，则为磨损，如图 2-3-4 所示。

图 2-3-3 凸轮的磨损

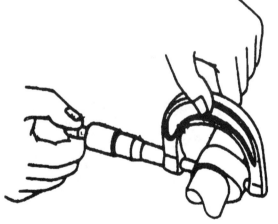

图 2-3-4 凸轮升程的检测

五、其他损伤检查

（1）凸轮轴上驱动分电器及润滑油泵的传动齿轮齿厚磨损量应不大于 0.05 mm。

（2）正时齿轮键与键槽磨损量应不大于 0.12 mm。

（3）凸轮轴装正时齿轮固定螺母的螺纹损坏不得多于 2 牙。

（4）止推垫块的端面跳动量不大于 0.03 mm。

六、凸轮轴损伤的修理方法

（1）中间轴颈相对于两端轴轴颈的径向圆跳动误差不大于 0.10 mm，否则应采用冷压法校正。

（2）凸轮轴轴颈的圆柱度误差应不大于 0.03 mm，否则应更换。

项目四　拆装与检查正时带

一、拆卸凸轮轴

（1）使发动机处于维修工作台上，先后依次拆下空调压缩机传动带、空调压缩机、发电机传动带。

（2）拆下正时带防护罩，如图 2-4-1 所示。

（3）转动曲轴使带轮上的标记对准第一缸上止点标记，此时凸轮轴正时齿形带轮上的标记也必须对准正时齿形带防护罩上的箭头。

（4）拆下曲轴带轮及正时齿形带中间防护罩。

（5）拧开张紧轮螺栓，松开半自动张紧轮，如图 2-4-2 所示。从凸轮轴正时齿形带轮上拆下正时齿形带。

图 2-4-1　装卸正时带防护罩

图 2-4-2　拧松张紧轮装卸正时皮带

（6）用撬板抵住带轮轮辐，用扭力扳手拧松凸轮轴前端螺栓并取下。

（7）用拉力器取下凸轮轴带轮，取下前油封。

（8）拆下气门室罩盖，如图2-4-3所示。取下挡油罩，拆下凸轮轴正时齿形带轮，从凸轮轴上取下半圆键。

（9）先拆下第1、3、5号轴承盖，然后对角交替松开第2、4号轴承盖。取下轴承盖，按次序摆放，如图2-4-4所示。

图2-4-3　拆卸气门室罩盖

图2-4-4　拆卸凸轮轴轴承盖

（10）取下凸轮轴。

二、安装凸轮轴

安装凸轮轴前应更换凸轮轴前油封。安装凸轮轴时，第一缸凸轮必须朝上。当安装轴承盖时，要保证孔的上下部分对准。

（1）在凸轮轴轴承座上涂抹润滑油。

（2）将凸轮轴用棉纱擦拭干净，在轴颈及凸轮上涂抹润滑油后安装到轴承座上，如图2-4-5所示。

图2-4-5　安装凸轮轴

（3）轴承盖上涂抹润滑油并安装到位，按先中间后两边的次序分两次按规定扭矩将轴承盖螺栓拧紧。交替对角拧紧第2、4道轴承盖，拧紧扭矩为20 N·m。

（4）安装第5、1、3号轴承盖，拧紧扭矩为20 N·m。

（5）在油封唇部涂抹润滑油并安装到位。

（6）将半圆键安装到凸轮轴上，如图2-4-6所示。安装凸轮轴正时齿形带轮，如图2-4-7所示。用活动扳手手柄抵住轮辐，按规定扭矩拧紧前端螺栓（100 N·m）。

图2-4-6 安装半圆键

图2-4-7 安装凸轮轴正时齿轮

安装好凸轮轴后，发动机在30 min之内不得起动，以便液压挺柱的补偿元件进入状态，否则气门将敲击活塞。

在对配气机构进行拆装后，应小心地转动曲轴至少两周，以防止发动机起动时敲击气门。

三、对正标记安装齿形带

（1）拆下发动机正时齿形带罩，转动凸轮轴正时带轮上的标记与气门室罩盖平面对齐，如图2-4-8所示，或与同步带轮标记对齐，如图2-4-9所示。

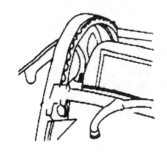
图2-4-8 凸轮轴同步带轮标记

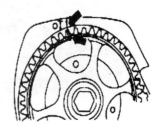
图2-4-9 第一缸上止点位置同步带轮标记

（2）将曲轴V带上止点记号与中间轴齿轮上的记号对齐。

（3）安装齿形带，将非张紧轮侧拉紧。

（4）松开发动机张紧轮的锁紧螺栓，用专用工具转动张紧轮，用拇指和食指捏住凸轮轴齿带轮和曲轴齿带轮中间的正时齿形带，用力翻转时，正时齿形带如图 2-4-10 所示，刚好转过 90°。如转过的角度小于或大于 90°，则正时齿形带过松或过紧，需要调整。调整好后按规定扭矩拧紧张紧轮螺栓。

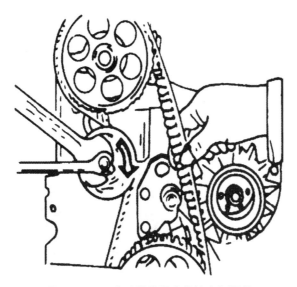

图 2-4-10　齿形带松紧度的检查与调整

（5）转动曲轴两圈后，检查正时标记能否对正，如未对正应重新安装齿形带，如图 2-4-11 所示。

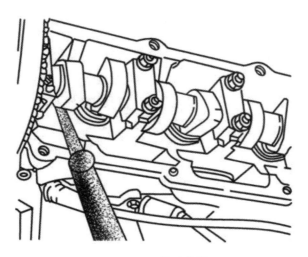

图 2-4-11　转动曲轴

项目五　检测曲轴主轴径和连杆轴径

一、操作步骤

（1）用外径千分尺进行测量，如图 2-5-1 所示。在轴颈的上、中、下 3 点且互成 90°的部位进行测量，在每一个截面上沿曲柄方向量出其最小直径，沿垂直方向量出其最大直径（允许测量误差为 0.015 mm，表面粗糙度为 1.6 μm）。

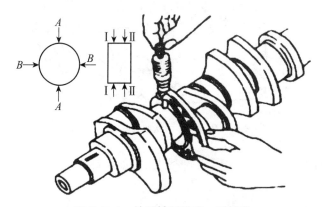

图 2-5-1　检测轴颈圆度、圆柱度

（2）测量出 6 个数值进行计算。同一横截面上所测得的最大直径与最小直径差值的 1/2 即为该截面的圆度误差，将同一轴颈上各截面所测得的圆度误差进行比较，取大者作为该轴颈的圆度误差；同一轴径上任意截面所测得的最大直径与最小直径差值的 1/2 即为该轴颈的圆柱度误差，其误差应不大于规定值。

二、技术要求

（1）轴颈直径小于 80 mm 时，其圆度和圆柱度误差应不大于 0.025 mm；轴颈直径不大于 80 mm 时，其圆度和圆柱度误差应不大于 0.040 mm。

（2）修复尺寸是根据曲轴连杆轴颈前一次的修理尺寸、磨损程度和磨削余量来确定的，以最大直径为准。修理尺寸除标准值外，一般有四级修理尺寸，以 0.25 mm 为一级，在标准尺寸基础上逐级递减。

三、容易出现的问题

（1）测量角接近工作时应用旋转棘轮盘操作，直到棘轮发出"咔咔"声为止。
（2）选择互成90°的测量位置不够准确。

四、计算公式

（1）在同一横截面内取值，圆度误差为：（最大直径－最小直径）/2。
（2）在气缸壁任意一处取值，圆柱度误差为：（最大直径－最小直径）/2。

项目六　检测电动燃油泵

检测电动燃油泵前应首先判别是油泵本身的故障，还是控制电路的故障，对于控制电路而言，应判断是ECU内部故障，还是ECU外部的控制电路故障，最后进一步检测确认元件的故障。

工具：万用表、油压表、常用工具。

一、操作步骤

（1）打开燃油箱盖，将开关置于ON位置（但不要起动发动机），使油泵运转2 s，此时可在燃油箱加油口处倾听有无油泵运转的声音。如果在打开点火开关后，能听到油泵运转3~5 s后又停止，说明控制系统各部分工作正常。

（2）如果打开点火开关后听不到油泵运转声音，则进行如下测量：蓄电池电压是否在12 V以上，拆下蓄电池负极电缆，释放燃油系统的油压，接上油压表。在重新接上蓄电池负极电缆之后，用一根短导线将故障检测插座内的两个检测电动燃油泵的插孔（丰田车是Fp与+B）短接；若只有一个检测插孔，则将其搭铁。此时打开点火开关（不要起动发动机），如果能听到油泵运转的声音，说明ECU外部的油泵控制电路工作基本正常，故障在EUC内部或继电器；若仍听不到油泵运转的声音，可用手捏住汽油软管，应感到输油压力，否则为ECU外部的控制电路故障，此时应检测熔丝、继电器及电动燃油泵是否损坏，各电路有无断路或接触不良。

（3）检测电动燃油泵总成。用万用电表电阻挡测量油泵上两个接线端子间的电阻，即为电动汽油泵直流电动机线圈的电阻，阻值应为2~3 Ω。

（4）检测电动燃油泵压力。将燃油压力表接在燃油管上，并堵住出油口，如图2-6-1所示。

短接电动燃油泵，打开点火开关，不起动发动机使汽油泵运转10s左右，此时燃油压力表的油压值即为燃油泵的最大泵油压力。

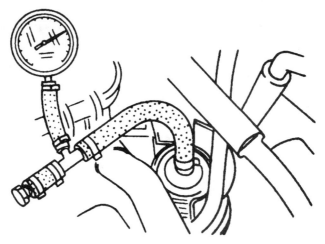

图 2-6-1　电动燃油泵最大泵油压力的测量

燃油泵的最大泵油压力应比发动机运转工况下的压力高出 200～300 kPa，达到 490～640 kPa，如达不到，应检查或更换燃油泵。关闭点火开关 5 min 后，观察燃油压力表的读数，这个压力即为燃油泵的保持压力，应不小于 340 kPa，否则应更换燃油泵。

项目七　检测柴油机喷油器

拆卸喷油器时，应首先拆卸高压油管并旋松喷油器空心螺套。为避免因喷油器转动而损坏缸盖上的喷油器定位孔，应用一个扳手扳住喷油器体，用另一个扳手拆卸喷油器紧固螺套，用木槌震松喷油器，再用专用拉力器拉出喷油器。

（1）在盛有柴油的盆中将喷油器清洗干净。

（2）将外部清洗干净的喷油器夹在垫有铜片的虎钳上，并使喷油嘴朝下。

（3）旋下针阀偶件的压紧护帽，拆下针阀偶件。

（4）将喷油器朝上在虎钳上夹好，拆下喷油器紧固螺套，取出针阀体。如针阀体被积炭卡于螺套内，应在清洁柴油中浸泡后再取出，不允许硬敲。

（5）从针阀体内拔出针阀，如拔不动则可用手钳垫布夹住拧出。分解的各零件应摆放整齐，针阀与阀体应成对放置。

（6）拧下锁紧螺母和调压螺钉，取出弹簧、弹簧座和顶杆，收存垫片。

二、清洗各零部件

用铜丝刷清除外部积炭。如喷油孔堵塞，可用专用通针疏通，针阀体内的污物可用专用清除工具剔除，然后用柴油洗净。针阀导向面、密封锥面有伤痕或发暗时应予以更换，针阀体有严重腐蚀也应予以更换。

（1）在盛有柴油的盆中清洗零件，用软质刮刀清除积炭。

（2）用 ϕ1.7 mm 的铜丝清理阀体油路。

（3）用 ϕ0.37 mm 的铜丝专用通针清理喷油孔。

三、对零件进行直观检查

（1）检查壳体有无裂纹，锥面平面度是否良好（不能有花纹，积炭），定位螺钉螺纹是否损坏（损伤螺纹应少于2扣），要清除喷油孔积炭。

（2）拆卸针阀分解检查，观察针阀杆的锥面有无磨损痕迹和变形。调压弹簧应无裂纹锈蚀不歪斜，顶杆应平直。

（3）对针阀偶件完成上述检测后，应进行滑动试验。如图2-7-1所示，将针阀偶件在清洁的柴油中洗净后，针阀偶件呈60°放置，将针阀从阀体中抽出1/3左右，转至任意位置，松手后针阀应能在自身质量作用下缓缓滑入阀体内，无任何卡滞现象，否则应配对其研磨或更换新件。

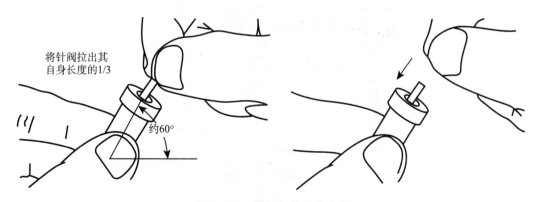

图2-7-1　针阀偶件滑动试验

四、装配喷油器

（1）装配前应清洗所有零件并用压缩空气清理喷油器的油道，清洗喷油机配合表面，并在安装前涂少许润滑油。

（2）使喷油器进油口端朝下夹于垫有铜片的虎钳上，将在清洁的柴油中浸泡过的喷油嘴取出，对准定位销后装于喷油器体上，以 60 N·m 的扭矩拧紧紧固螺套。

（3）取下喷油器，上下移动可听到针阀活动的响声，否则应重新清洗喷油嘴后装复，若针阀仍不滑动，需更换喷油嘴。

（4）装复顶杆，弹簧座，弹簧，拧紧锁紧螺母。

五、检验喷油器

1. 喷油器压力试验

如图 2-7-2 所示，将喷油器安装到喷油器试验台上，以 60～70 次/min 的速度扳动泵油手柄压油，喷油器开始喷油时，压力表数值即为喷油器压力值，喷油压力值应符合技术规定，各缸喷油器的压力应尽可能一致，一般相差不得超过 0.25 MPa，否则应调整调压弹簧的预紧力。通过调整调压螺钉，喷油压力符合以下要求：轻型车（≤2.5 t）的喷油压力为 10～15 MPa，重型车（≥2.5 t）喷油压力为 16～20 MPa，压力差允许在 0.025 MPa 以下。调整时，拧松调压螺钉为降压，反之为升压。

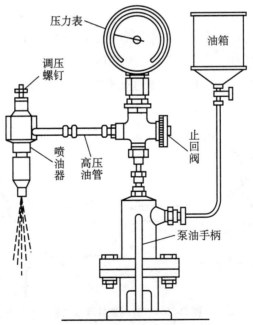

图 2-7-2　喷油器与喷油器试验台连接图

2. 喷油器密封性试验

（1）将喷油器安装到喷油器试验台上。

（2）旋入喷油器的调压螺钉，均匀、缓慢地用手柄压油。当喷油器压力上升至 15.7 MPa 时，再以 10 次 /min 的速度均匀地按动泵油手柄，直至开始喷油。此时喷油嘴处不应有渗漏、滴漏现象，如图 2-7-3 所示。

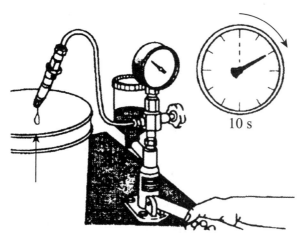

图 2-7-3　喷油器密封性试验

（3）用手泵油，将油压升至 22.54 ~ 24.50 MPa，喷油后停止泵油，记录油压。自 19.6 MPa 下降到 17.64 MPa 的时间为 9 ~ 12 s，说明喷油器密封性较好；若时间少于 9 s，可能在油管接头处漏油，针阀体与喷油器体表面配合不严，密封锥面封闭不严或导向部分磨损。

3. 雾化质量试验

调好喷油器压力后，以 60 ~ 70 次 /min 的速度按压手柄，使喷油器喷油，喷出的柴油应呈雾状，不允许有滴油或飞溅现象。喷油开始和结束应明显，每一次喷油时应均匀、细小，声音清脆。断油时要动作迅速，不能有滴油现象。

4. 喷油锥角试验

喷油锥角试验可以检查喷油孔是否堵塞。距离喷嘴 100~200 mm 处放一张白纸，油痕直径可用下式计算：

$$\tan\alpha = d/2h$$

式中 α—喷油锥角的半角，喷油角为 2α，α 取 15° ~ 20°，当 $\alpha < 9°$ 时为漏油故障，当 $\alpha > 20°$ 时为堵塞故障；

d—油迹直径；

h—喷孔至纸面的距离。

通过试验，若喷油器的密封性、喷油器压力或喷雾质量不符合规定要求，则必须对喷油器进行分解、检查。

项目八　检测电喷汽油机喷油器

电喷汽油机喷油器的工作状况可通过检查喷油器的工作声音和发动机转速的变化来了解。

（1）发动机怠速运转时，用手指接触喷油器，应有脉冲振动的感觉。

（2）发动机怠速运转时，若拔下某缸喷油器线束插头，该缸喷油器停止喷油，发动机转速立即下降，则表明该喷油器工作正常，否则表明该喷油器不工作或工作不良。

（3）出现喷油器不喷油的情况时，首先检查接线插头和插座的接触情况，若有接触故障，摇动和按压插头将会出现断续喷油的情况。压紧插头，故障可消除。

（4）测量喷油器线圈的电阻。断开点火开关，拔下喷油器线束插头，用万用表电阻挡测量喷油器两端子（线圈）的电阻值，如图 2-8-1 所示。在 20 ℃时，低阻型线圈电阻为 2 ~ 3 Ω，高阻型线圈电阻为 13 ~ 18 Ω。

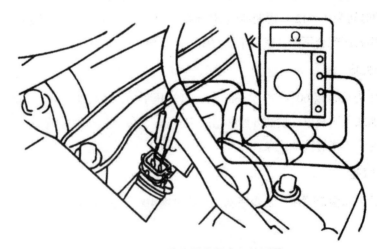

图 2-8-1　喷油器线圈电阻的测量

（5）检查喷油器工作电压。拔下喷油器两端子的插头，接通点火开关，发动机不起动，用万用表检测该插头两端子之间的电压，高电电压应为 12 V 以上，如图 2-8-2 所示。若喷油器电压均为零，表明电源电路不通，应检修燃油泵蓄电池、熔断器或发动机控制器（ECU）。

项目八　检测电喷汽油机喷油器

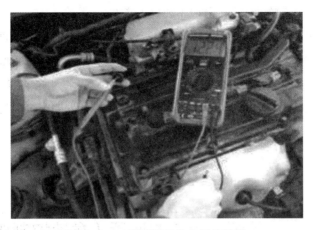

图 2-8-2　喷油器工作电压的测量

（6）检查喷油工作电路。断开点火开关，分别拔下喷油导线插头，并在该插头的两端子间串联两只发光二极管（两只二极管并联，且一只二极管的正极接另一只的负极）和一只 510Ω/25W 电阻（电阻与二极管串联），然后起动发动机，同时观察发光二极管是否闪烁。若发光二极管闪烁，表明喷油器工作电路正常；若发光二极管不闪烁或不发光，表明喷油器电源线路、燃油泵继电器或 ECU 有故障，应进一步检查排除，必要时更换 ECU。

（7）检查是否泄漏。将喷油器按技术要求装入分配油管上，在发动机上放一个托盘，将分配油管和喷油器置于托盘内，用一根油管将车上汽油滤清器出口与分配油管进口连接，另一根油管接回油管，如图 2-8-3 所示。

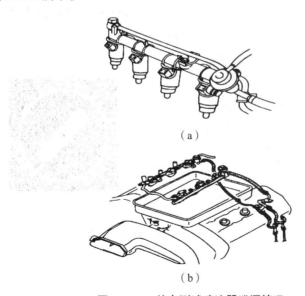

(a)

(b)

图 2-8-3　就车测试喷油器泄漏情况

用一根导线将汽油泵的两个检测插孔短接，并打开点火开关。此时，燃油泵开始运转，注意观察喷油器有无漏油现象。喷油嘴漏油量应不超过 1 滴 /min。

发动机热车起动困难、黑烟大可能是单向阀、喷油嘴调压的球阀关闭不严引起的内漏造成的。由于使用的燃油不干净、滤网破裂、针阀阀座密封不良等原因，燃油易从喷油器的高压腔经阀座和喷油孔向外泄漏。若喷油器内的弹簧折断，不能使针阀紧压阀座，则会有大量燃油从喷油孔漏出。当附属于喷油器的 O 型密封圈因装拆而有损伤时，将导致喷油器安装于油管处的密封性不良而造成燃油泄漏。

项目九　检测怠速控制装置（怠速控制阀）

在发动机冷车起动后，用钳子垫上软布夹住怠速附加空气通道的软管。此时，发动机的转速应有明显下降，否则说明怠速附加空气通道堵塞。

发动机暖机后，再用钳子垫上软布夹住怠速附加空气通道的软管。此时，发动机的转速应无明显下降，否则说明怠速附加空气通道关闭不严或不能关闭。

一、步进电机式怠速控制阀

步进电机式怠速控制阀结构如图 2-9-1 所示。步进电机式怠速控制阀可就车检查，发动机熄火时，怠速控制阀会发出"咔嗒"声。如果不响，应检查 ISC 阀和 ECU。

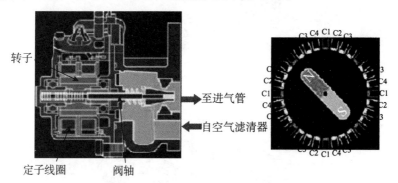

图 2-9-1　丰田汽车步进电机怠速控制阀

1. 怠速控制阀线圈电阻的检测

丰田轿车发动机怠速控制阀为步进电机式，有 4 组线圈，每组线圈电阻值为 25～35 Ω。用万用表电阻挡检查怠速阀 B_1-S_1、B_1-S_3、B_2-S_2 和 B_2-S_4 4 个线圈电阻，见图 2-9-2 所示，电阻值均应为 10～30 Ω。若所测电阻值不符合要求，应更换 ISC 阀。

项目九　检测怠速控制装置（怠速控制阀）

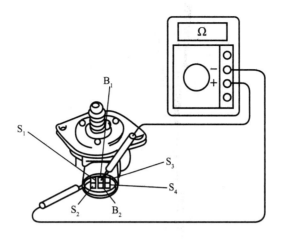

图 2-9-2　丰田皇冠 3.0 发动机怠速控制阀的测量

B_1、B_2—公共端；S_1、S_2、S_3、S_4—步进电机线圈端子

2. 步进电机式怠速控制阀的通电检查

（1）将 B_1 和 B_2 端子接蓄电池正极，然后依次将 S_1、S_2、S_3、S_4 接蓄电池负极，此时随着步进电机的转动，怠速控制阀的阀芯将向外伸出（关闭），如图 2-9-3（a）所示。

（2）仍将 B_1 和 B_2 端子接蓄电池正极，再依次将 S_4、S_3、S_2、S_1 接蓄电池负极，此时，步进电机将朝反方向转动，阀芯将向内缩入（应开启），如图 2-9-3（b）所示。如果按上述方法检查时 ISC 阀不能关闭或打开，则应更换 ISC 阀。

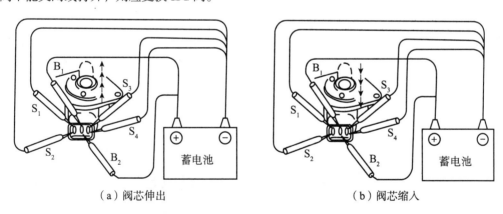

（a）阀芯伸出　　　　　　　　　　　　（b）阀芯缩入

图 2-9-3　丰田皇冠 3.0 发动机步进电机怠速控制阀通电试验

B_1、B_2—公共端；S_1、S_2、S_3、S_4—步进电机线圈端子

二、电磁阀式怠速控制阀

（1）工作性能的检测。占空比控制电磁阀型怠速控制阀结构如图 2-9-4 所示，可在发动机怠速运转时拔下怠速控制阀线束插接器，同时观察发动机转速是否变化。若此时发动机转速有变化，则表明怠速控制阀的工作性能良好。

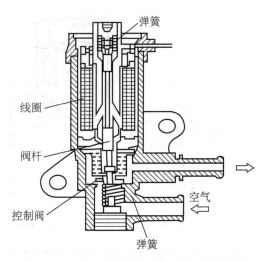

图 2-9-4 占空比控制电磁阀型怠速控制阀

（2）工作电压的检测。拔下怠速控制阀线束插接器，用万用表电压挡测量其端子电压，若在发动机运转中怠速控制阀线束插接器端子有脉冲电压输出（约 7 V），则表明 ECU 和怠速控制阀之间的线路良好。若无脉冲电压输出，则表明怠速控制系统不工作，应检查 ECU 和怠速控制阀是否有断路或接触不良故障；若怠速控制系统的电路良好，则 ECU 有故障，应更换 ECU。

（3）怠速控制阀电磁线圈电阻的检测。拆下怠速控制阀，用万用表电阻挡测量怠速控制阀线圈的电阻值。电磁阀式怠速控制阀只有一组线圈，其阻值通常为 10 ~ 15 Ω 之间，若线圈电阻值不在上述范围，应更换怠速控制阀。

（4）脉冲线性电磁阀式怠速控制阀的就车检查。

在发动机怠速运转时，拆下脉冲线性电磁阀式怠速控制阀的线束插头，这时怠速转速变化。当用电压表在其线束插头上测量时，应有脉冲电信号。如有异常，则表明怠速控制阀或电控部分有故障，应检查排除或更换控制阀。

项目十　检测空气流量计

空气流量计，是电喷发动机的重要传感器之一，是测定吸入发动机的空气流量的传感器，它将吸入的空气流量变化转换成电信号送至电控单元（ECU），作为决定喷油量的基本信号之一。电子控制汽油喷射发动机为了在各种运转工况下都能获得最佳浓度的混合气，必须正确地测定每一瞬间吸入发动机的空气量，以此作为 ECU 计算（控制）喷油量的主要依据。如果空气流量计或线路出现故障，ECU 得不到正确的进气量信号，就不能正常地进行喷油量的控制，将造成混合气过浓或过稀，使发动机运转不正常。电子控制汽油喷射系统的空气流量计有多种形式，目前常见的空气流量计按其结构形式可分为叶片（翼板）式、量芯式、卡门涡旋式、热丝式、热膜式等几种。

一、仪表使用

（1）选用高阻抗数字式万用表。如果万用表很长时间没有使用，先将万用表置于测量交流电压挡进行充电，测量交流电压，再将万用表置于 20 kΩ 电阻挡，测量万用表内阻，阻值应不小于 10 kΩ。

（2）将万用表置于测量电阻挡合适的挡位后调整万用表归零。

（3）对待测的物理量进行挡位选择——交直流选择、量程选择、表棒插座选择。

二、检测过程

1. 叶片式空气流量计

叶片式空气流量计的原理及检测如图 2-10-1 所示。

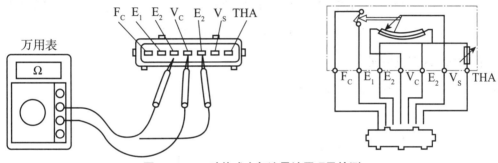

图 2-10-1　叶片式空气流量计原理及检测

（1）电阻的检测。将点火开关置于 OFF 位置，拔下空气流量计的导线插接器。用万用表电阻挡测量空气流量计上各端子间的电阻。如图 2-10-2 所示。V_S（空气流量计信号端）与 E_2（搭铁）之间的电阻在叶片完全关闭时为 20～600 Ω，在叶片从全关闭到全开时为 20～100 Ω。V_C（ECU 输出电压端）与 E_2（搭铁）之间的电阻应为 0.20～0.40 Ω。E_C（修正电压端）与 E_2（搭铁）之间电阻值应与环境温度成反比变化。THA（进气温度信号端）与 E_2（搭铁）之间电阻应为 2.0～3.0 kΩ。F_C（电动燃油泵端）与 E_1（搭铁）之间的电路在叶片完全关闭时断路，在叶片为任何开度时均为导通。

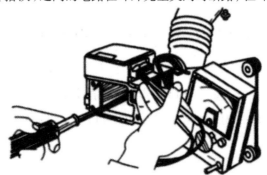

图 2-10-2　叶片式空气流量计电阻检测

（2）供电电压的检测。拔下空气流量传感器的导线插接器。将点火开关置于 ON 位置，用万用表电压挡测量 V_c（ECU 输出电压端）与 E_2（搭铁）之间的电压，应为 4～6 V；V_s（空气流量计信号端）与 E_2（搭铁）之的电压在叶片全关时为 3.7～4.8 V，在叶片全开时为 0.2～0.5 V。

（3）信号电压的检测。将喷油器的线束拔下，起动电动机带动发动机转动，用万用表电压挡测量 V_s（空气流量计信号端）与 E_2（搭铁）之间的电压，电压值应随叶片开度的变大而变小，否则应予以更换。

（4）传感器单件拆检。将点火开关置于 OFF 位置，拔下空气流量计的导线插接器。拆下与空气流量计进气口连接的空气滤清器，拆下空气流量计出口处空气软管卡箍，拆除固定螺栓，取下空气流量计进行检查。检查外部线路是否有断路、短路情况；检查流量计本体是否有裂纹、变形，轴是否松旷。检查摆动叶片总成应无卡滞现象且摆动平稳，叶片无破损现象。

用万用表电阻挡测量 E_1 与 F_c 端子，在测量叶片关闭时，E_1 与 F_c 端子之间应不导通，电阻为无穷大；在测量叶片开启后任一开度上，E_1 与 F_c 端子间均应导通，电阻值为 0。然后用螺钉旋具推动测量叶片，同时用万用表电阻挡测量 V_s 与 E_2 间的电阻，在测量叶片由全闭至全开的过程中，该电阻值应能随叶片开度的增大而线性连续（不允许出现跃变）增大。

2. 卡门涡旋式空气流量计

卡门涡旋式空气流量计的电路及检测如图 2-10-3 所示。

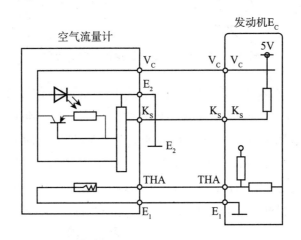

图 2-10-3 卡门漩涡式空气流量计电路图

（1）电阻的检测。将点火开关置于 OFF 位置，拔下空气流量计的导线插接器。如图 2-10-4 所示，用万用表电阻挡测量空气流量计 THA（进气温度信号端）与 E_2（搭铁）之间的电阻。温度为 20 ℃时，电阻为 2～3 kΩ；温度为 40 ℃时，电阻为 0.9～1.3 kΩ。

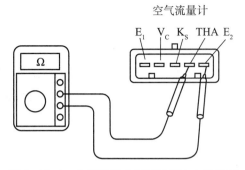

图 2-10-4　卡门漩涡式空气流量计电阻检测

（2）供电电压的检测。插好空气流量计的导线插接器。将点火开关置于 ON 位置，用万用表电压挡测量 V_c（ECU 输出电压端）与 E_1 之间的电压，应为 4.5～5.5 V。K_s（空气流量计信号端）与 E_1 之间的电压应为 4.5～5.5 V；THA（进气温度信号端）与 E_2（搭铁）之间的电压为 0.5～3.4 V。

（3）信号电压的检测。将喷油器的线束拔下，起动电动机带动发动机转动，用示波器测量端子 K_s-E_1，应有图 2-10-5 所示的脉冲，否则应更换空气流量计。

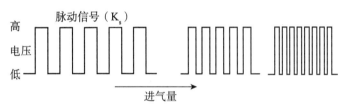

图 2-10-5　输出脉冲信号波形

3. 热丝式空气流量计

热丝式空气流量计与 ECU 的连接电路如图 2-10-6 所示。

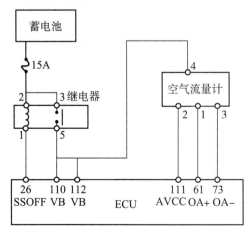

图 2-10-6　热丝式空气流量计电路图

（1）将点火开关置于 ON 位置，用万用表电压挡测量图 2-10-6 所示空气流量计的 2 脚与 3 脚，应有约 5 V 的电压，4 脚与搭铁间应有约 12 V 的蓄电池电压，否则应检查电源电路或 ECU。

（2）着车测量 1 脚与 3 脚间的电压，急速时电压为 1.2 ~ 1.8 V，随着转速的升高，电压升高。发动机的转速达 2 500 r/min 时，电压为 1.6 ~ 2.2 V，否则应更换空气流量计。

（3）通过步骤（1）的方法进行检测后，如果各引脚的电压正常，但发动机无法着车或无法加速，可拆下空气滤清器，从流量计的进风口吹风，风速越高，1 脚与 3 脚间的电压应越高，否则应更换空气流量计。

4. 热膜式空气流量计

热膜式空气流量计与 ECU 的连接电路如图 2-10-7 所示。

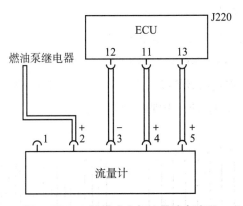

图 2-10-7　热模式空气流量计电路图

（1）关闭点火开关，将线束插接器拔下，用万用表电阻挡测量 3 脚与车身搭铁间的电阻阻值应为 0 Ω（搭铁脚）。

（2）插好导线插接器，将点火开关置于 ON 位置，用万用表电压挡测量 4 脚与 3 脚间的电压，应为 5V，否则 ECU 或 ECU 至空气流量计间的导线有故障。

（3）着车测量 2 脚与搭铁，应有约 14 V 的电压，否则应检查油泵继电器至空气流量计的导线连接情况。

（4）用万用表电压挡测量 5 脚与 3 脚间的电压，发动机急速时约为 1.4 V，随着转速的升高，电压升高，最高转速对应的电压为 2.5 V，否则应更换空气流量计。如发动机不能加速，应拆下空气滤清器，从空气流量计的进风口吹风，风速越高，5 脚与 3 脚间的电压越高，否则应更换空气流量计。

项目十一　检测进气温度传感器

进气温度传感器（THA）的作用是检测发动机的进气温度，将进气温度信号转变为电压信号输入给 ECU 作为修正喷油的信号。进气温度传感器也是双线的传感器，安装在进气管上或空气流量计内。

工作原理：进气温度传感器是一个负温度系数热敏电阻，根据电阻变化而产生不同的信号电压。在冷车时，进气温度传感器的信号与发动机水温传感器信号基本相同；在热车时，其信号电压是水温传感器的 2～3 倍。

当进气温度传感器出现故障后不易着车，尤其在失效后容易导致热车不好着车、排气冒黑烟，这是因为当 THA 失效后，ECU 按照 20 ℃的冷喷油状态工作，喷油量大。

当进气温度传感器出现故障后，可按以下方法检测。

一、检查单件

拆下进气温度传感器，如图 2-11-1 所示，用红外线灯、电热吹风器或热水加热进气温度传感器，并在不同温度下测量传感器两接线端之间的电阻，将测得的电阻与表 2-11-1 比较，如电阻值与标准不符，应更换进气温度传感器。

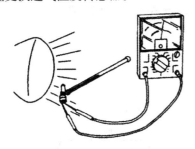 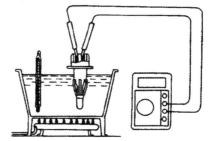

（a）用红外线加热　　　　　　　　（b）用水加热

图 2-11-1　进气温度传感器的检测

表 2-11-1　丰田其他进气温度传感器检测标准

温度（℃）	0	20	40	60	80
电阻（kΩ）	6	2.2	1.1	0.6	0.25

二、检查输出信号电压

将点火开关置于 ON 位置时，用万用表测量进气温度传感器插接器与 E_2 端子间的电压值，在 20 ℃时应为 0.5～3.4 V。

项目十二　检测节气门位置传感器

节气门位置传感器的作用是检测发动机是处于怠速工况还是负荷工况，是加速工况还是减速工况。它实质上是一只可变电阻器和几个开关，安装于节气门体上，外形及内部结构如 2-12-1（a）图所示。电阻器的转轴与节气门联动，它有两个触点：全开触点和怠速触点。当节气门处于怠速位置时，怠速触点闭合，向 ECU 输出怠速工况信号；当节气门处于其他位置时，怠速触点张开，输出相对于节气门不同转角的电压信号，ECU 便根据信号电压识别发动机的负荷。根据信号电压在一定时间内的增减率可识别发动机是加速工况还是减速工况。ECU 根据这些工况信号来修正喷油量，或者进行断油控制。

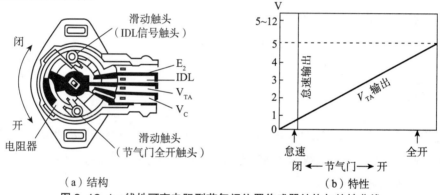

图 2-12-1　线性可变电阻型节气门位置传感器结构与特性曲线

线性可变电阻型节气门位置传感器与 ECU 的连接如图 2-12-2 所示。

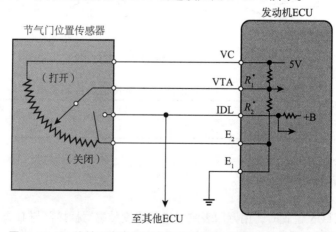

图 2-12-2　线性可变电阻型节气门位置传感器与 ECU 连接线路

（1）传感器电阻检测。将点火开关置于 OFF 位置，拔下节气门位置传感器的导线连接器，用万用表电阻挡测量各端子间的电阻，阻值应符合表 2-12-1 的技术要求规定。测量 VTA（节气门开度信号线）与 E_2 之间的电阻值，该电阻值应能随节气门开度的增大而呈线性连续（不允许出现跃变）增大（电位计可动触点接触不良使节气门开度信号时有时无，发动机加速性能时好时坏）。

表 2-12-1　节气门开度电阻检测标准（Ω）

节气门开度	V_C—E_2（ECU 输出电压）	VTA—E_2（节气门开度信号）	IDL—E_2（怠速触点）
全闭	3.7 ~ 7.2	0.34 ~ 6.3	0.5 或更小
稍稍打开	3.1 ~ 7.2	0.34 ~ 6.3	
全开	3.1 ~ 7.2	2.4 ~ 11.2	
全闭→全开	3.1 ~ 7.2	电阻逐渐增大	

（2）供电电压的检测。将点火开关置于 OFF 位置，拔下节气门位置传感器的导线插接器，再将点火开关置于 ON 位置，用万用表电压挡测量传感器各端子间电压，传感器端子导线插头一般如图 2-12-3 所示。V_c（ECU 输出电压线）与 E_2 之间的电压应为 4.0 ~ 5.5 V，IDL（怠速触点信号线）与 E_2 之间的电压应为 9 ~ 14 V。

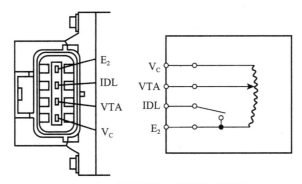

图 2-12-3　线性节气门位置传感器原理

（3）信号电压的检测。插回节气门位置传感器的导线插接器，将点火开关置于 ON 位置。用万用表压挡测量 VTA（节气门开度信号线）与 E_2 之间的电压，该电压应能随节气门开度增大而线性连续（不允许出现跃变）增大，如图 1-12-1（b）所示。电压在节气门全关时为 0.3 ~ 0.8 V；在节气门全开时为 3.2 ~ 4.9 V。

二、结果分析

（1）若节气门打开时的 IDL 与 E_2 仍然导通，为调整触点调整不当。当节气门完全关闭时 IDL 与 E_2 不导通，则挂挡时会出现冲击现象。

（2）若 VTA 与 E_2 之间接触不良，电阻值不能随节气门开度的增大而线性连续（不允许出现跃变）增大，则加速时发动机运转不顺畅。

（3）若 V_c 与 E_2 之间无电压输出，为 ECU 至传感器的电路有断路故障。

三、传感器的调整

（1）拧松节气门位置传感器的两个固定螺钉，将厚度为 0.50 mm 的塞尺插入节气门限位螺钉和止动杆之间。

（2）用万用表电阻挡测量怠速触点 IDL–E_2 的导通情况，此时应导通，逆时针转动节气门位置传感器，使怠速触点断开，然后按顺时针方向慢慢地转动节气门位置传感器，直到怠速触点刚闭合为止。

（3）拧紧节气门位置传感器的两个固定螺钉。分别将 0.45 mm 和 0.55 mm 的塞尺插入节气门限位螺钉和止动杆之间，同时测量怠速触点的导通情况。当塞尺为 0.45 mm 时，怠速触点应导通；当塞尺为 0.55 mm 时，怠速触点应断开，否则应重新调整节气门位置传感器。

项目十三　汽车常用传感器的检查方法

传感器在发动机上主要应用于电子控制系统，如电控点火系统和汽油喷射系统。传感器能够检测各种状态的物理量，并把物理量转变为电量再进行输送。它犹如人的感觉器官，对发动机所有条件下的物理量进行正确的检测，并输入控制电路。因此，传感器是决定发动机电子控制系统好坏的关键元件。

一、转速传感器

转速传感器通常安装在分电器或发动机上，可以检测曲轴的转角。一旦转速传感器发生故障，则点火系统的工作会受到影响，使发动机不能工作。大多数转速传感器是磁脉冲式的，能发出微弱的电信号，可使用万用表或示波器来检测；一个性能良好的转速传感器用万用表的交流电压挡测量转动曲轴时，其输出电压应为 1.5～3.0 V。若无交流电压输出或输出电压不符合规定，则可判断传感器损坏，应将其更换。

在发动机不转时，可进行传感器线圈电阻检查。检查方法是拆下其导线插头，用万用表电阻挡测量，其阻值应在 250～1 500 Ω。

如果怀疑传感器内部导线接触不良，可将万用表置于电阻挡并与传感器导线相连接，然后晃动导线看万用表指针是否摆动，如果摆动则证明传感器内部导线接触不良，应立即排除故障。

二、爆燃传感器

爆燃传感器直接安装在气缸上，由于直接受到发动机缸体上的温度变化或振动影响，因此要求具有较高的可靠性或稳定性。

在发动机运转时，连接好传感器导线，缓慢提高转速，同时用万用表的交流电压挡进行测量，如果电压值随之升高，则表明传感器可能有故障。

在发动机运转时，连接好传感器导线，用橡胶锤轻轻敲击进气歧管，同时用万用表的交流电压挡来测量。如果电压指示值发生波动，则表明传感器有故障。

将点火开关置于 OFF 位置，10 s 后拆下传感器接头，再将点火开关置于 ON 位置，用万用表测量车上线束接头上信号输出和回路端子之间的直流电压，其值应符合规定（具体数值请查看被维修车辆的维修手册），否则线路可能有故障。

三、水温传感器

水温传感器是测量发动机冷却水温度的传感器，由热敏电阻构成，安装在发动机冷却水道上。当冷却水温度发生变化时，其阻值随之改变。在电控燃油喷射系统中，这一信号会输入电控单元，就可根据冷却水温度修正喷油量的多少。因此，水温传感器的精密度对喷油量有一定影响。当混合气过浓或过稀时，应先检查水温传感器，然后检查其他传感器。

在检查时，可拆下水温传感器，将其置于容器内对其进行加热测试，测量其在不同水温时的电阻值。在水温为 20 ℃时其阻值应为 2 ~ 3 kΩ，在水温为 80 ℃时应为 0.2 ~ 0.4 kΩ。如果测量结果不符合规定要求，则应更换水温传感器。

四、进气压力传感器

进气压力传感器用来检测进气压力和液体压力，一般由压敏片制成。在检测进气压力传感器时，先起动发动机，用万用表检测传感器 1、2 脚之间的电压，发动机温度正常后猛踩几次加速踏板，电压值应该在 0.6 ~ 4.6 V 之间变动。

采用速度/密度方式检测进气量的电控燃油喷射系统，是利用进气歧管压力传感器来间接地测量发动机吸入的空气量，检测时通常检查传感器的电源电压和输出电压。

电源电压的检查：拆下进气歧管上的压力传感器的线束插头，将点火开关置于 ON 位置，然后用万用表的电压挡来测量线束插头上的电源端子之间的电压，其值应符合规定（具体数值请查看被维修车辆的维修手册），否则应更换或修复其电控线束。

输出电压的检查：拆下传感器与进气歧管相连接的真空软管，使传感器直接与大气相通，然后将点火开关置于 ON 位置，用电压表在电控单元线束插头处测量传感器的输出电压，接着向传感器内加真空,并测量不同真空下的输出电压,该电压值应随真空密度的增大而降低,其变化情况应符合技术参数规定,否则应更换其传感器。

五、氧传感器

氧传感器安装在发动机排气管上,其作用是检测排气管中氧分子的浓度,并将其转换成电压信号或电阻信号,使电控单元依此信号来控制混合气的密度。氧传感器有加热式和非加热式两种。对于加热式氧传感器应检查其加热电阻。

加热电阻的检查:用万用表测量其接线端中加热器的两根接线柱之间的电阻,其正常电值应为 $4 \sim 40 \text{ k}\Omega$。否则应更换氧传感器。

反馈电压的检测:拆下氧传感器线束插头,将电压表的正极测试棒直接与氧传感器反馈电压输出端连接。起动发动机,采用突然踩下或放松加速踏板的方法改变混合气浓度:突然踩下加速踏板时,混合气加浓,反馈电压应上升;突然放松加速踏板时,混合气变稀,电压应下降,否则表明传感器失效,应立即更换。

外观的检查:将传感器从排气管上拆下,检查其外壳上的通气孔是否堵塞,瓷芯是否破裂。如有损坏,应立即更换。

发动机在使用中应使用高品质的无铅汽油,则氧传感器的寿命通常可达 10 万千米以上,若使用含铅汽油,则行驶一定里程后,氧传感器就会因铅"中毒"而失效。

六、空气流量传感器

空气流量传感器用于测量发动机吸入的空气量,现在通常采用的是热线式空气流量传感器。检测时用万用表检测两引脚之间的电压,电压值应该为 5 V 左右,如图 2-13-1 所示。用吹风机向传感器内吹空气,电压信号应该随进气量的大小敏感变化。

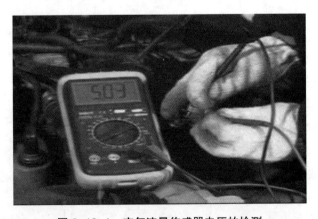

图 2-13-1 空气流量传感器电压的检测

项目十三　汽车常用传感器的检查方法

七、车轮转速传感器

车轮转速传感器用来检测车轮的转速，一般采用电磁式传感器。在检测时，拔下传感器插头，用万用表检测两引脚之间的电阻应该为 800 ～ 1 200 Ω（见图 2-13-2），其中，两引脚与地的电阻应该为无穷大。

图 2-13-2　车轮转速传感器的检测

八、位置与角度传感器

在检测位置与角度传感器时，打开点火开关，应该用万用表检测插脚 b 与 c 之间的电压。节气门全开时，电压应该为 4.7 V 左右（见图 2-13-3）；节气门全闭时，电压应该为 0.7 V。

图 2-13-3　位置与角度传感器电压的检测

项目十四　检测自动变速器的控制油压

自动变速器的控制油压正常与否，对自动变速器的工作影响很大。油压过高，会造成自动变速器换挡时冲击过大，油压系统也容易损坏；油压过低，会使离合器、制动器等换挡执行元件打滑，影响自动变速器的正常工作，而且加速了离合器和制动器摩擦片的磨损，严重时会导致摩擦片烧坏。

一、测试目的

油液在自动变速器中的流动方向与路径无法通过视觉直观看到，也无法像检查电气线路一样逐段测试检查，只能通过对油液压力的测试来分析判断。液压控制系统在使用过程中会出现各种各样的故障，其主要原因是如下：

（1）液压系统密封不良，造成压力降低，甚至无压力。

（2）液压元件及油道等因堵塞或磨损导致压力升高或部分无压力或压力低（密封件的损坏、油液的油污、控制滑阀的卡滞都可能造成泄漏与堵塞，引起液压系统压力异常变化）。

采用液压测试法可准确了解系统的压力状况。自动变速器的同一故障现象可能由多种原因导致。例如，自动变速器离合器打滑，故障原因既可能是机械部分的摩擦元件损坏，也可能是液压系统压力低，使离合器片压紧力不够，而通过液压测试便可分辨出是否是液压系统故障所致。

二、准备工作

（1）起动汽车，使发动机及自动变速器达到正常的工作温度。

（2）将车辆放在水平路面上，检查发动机怠速和自动变速器油的油面高度，如不正常，应进行调整。

（3）用垫木挡住车辆前后轮，用驻车制动器完全制动。

（4）准备一个量程为 2 MPa 的压力表。找出自动变速器各个油路测压孔的位置。通常在自动变速器外壳上有若干个方头螺栓堵住的用于测量不同油路油压的油压孔，如图 2-14-1 所示。如果不能确定各油路的测压孔时，可用举升器将汽车升起，在发动机运转时分别将各个测压孔螺栓松开少许，观察各测压孔在操纵手柄位于不同挡位时是否有压力油流出，以此判断各油路测压孔的位置。

判断方法如下：

项目十四 检测自动变速器的控制油压

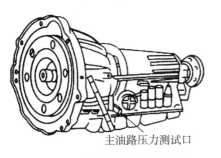

（a）丰田A340自动变速器油压测试点

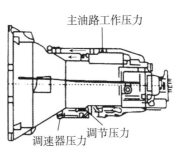

（b）奔驰自动变速器油压测试点

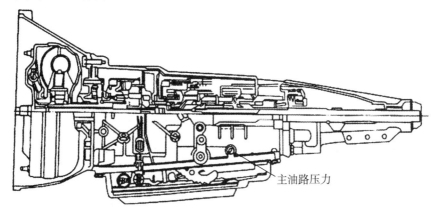

（c）福特自动变速器油压测试点

图 2-14-1 几种车型自动变速器油压测试点位置

① 操纵手柄位于前进挡和倒挡时均有压力油流出，为主油路测压孔。
② 操纵手柄位于前进挡时才有压力油流出，为前进挡油路测压孔。
③ 操纵手柄位于倒挡时才有压力油流出，为倒挡油路测压孔。
④ 操纵手柄位于前进挡，并且在驱动轮转动后才有压力油流出，为调速器油路测压孔。

 三、试验方法

几乎每个自动变速器都有检测主油路压力的测试接点，检测时要先在自动变速器壳体上找到主油路压力测试接点，并接好油压表。

（1）怠速或发动机转速为 1 000 r/min 空负荷时油压的测试。用举升机将汽车举起，使驱动轮离地，将变速杆置于所需要的挡位，让发动机在怠速或转速为 1 000 r/min 时减小对车轮的制动力，通过油压表测得的油压值称为怠速油压。发动机的怠速转速大多为 750 r/min，有时为了统一测试标准，而把发动机转速在 1 000 r/min 的情况下测得的油压也作为怠速油压。怠速油压反映了自动变速器工作的最小工作压力。在这种情况下，对变速杆的各个挡位均进行测试，将测试结果记录下来，便于以后进行故障分析。

（2）行驶挡位发动机怠速与零车速油压测试。在完成基本操作后，拉紧驻车制动器并踩住制

动踏板,将变速杆置于行驶挡位各前进挡与倒挡,让发动机处于怠速状态,这时通过油压表测得的数值即为怠速状态下的变速器主油路压力值。此油压值主要反映了变速器在大负荷状态下的油压调节与保持能力,以及检测换挡控制油路是否有泄漏。这个压力应与空负荷时的压力相差不大,但在倒挡时油压应有所提高。

(3)主油路行驶挡失速油压测试。汽车在大阻力、变速器在大驱动负荷情况时,变速器液压系统自动将主油路油压提高,使驱动结合更可靠,而变速器失速状态就是最大负荷状态,因此需要测试变速器失速状态的油压。测试操作方法如下:将变速杆置于行驶挡后,踩住制动踏板,迅速将加速踏板踩到底,读出失速速度所对应的油路压力。读取油压表上的数据后放开加速踏板与制动踏板,这样一个挡位试验完成后,将挡位置于P、N位,稍等片刻再进入其他挡位测试。用同样的方法进行R位的试验,试验测得的油路压力应符合表2-14-1所示。

表 2-14-1 自动变速器油压(kPa)

D 位		R 位	
怠速	失速	怠速	失速
263 ~ 422	922 ~ 1 058	618 ~ 794	1 667 ~ 1 902

(4)主油路全负荷油压测试。失速油压测试虽然可测试到油压的升高情况,但发动机的转速始终不能升高,加上测试的保持时间只有几秒钟,故不能真正反映变速器主油路压力的真实情况。全负荷油压就是在节气门最大开度时测得的油压。操作时有如下两种方法:

① 对于有节流控制阀拉索或真空控制装置的自动变速器,将拉索拉到底或对真空膜盒施以发动机大负荷时进气管道内的真空压力。使驱动车轮离地,挂挡后使发动机的转速提高到 2 500 r/min 以上,这时测得的油压值即为全负荷油压值。这样操作可避免路面测试的烦琐工作,并且节省大量时间。

② 对于一些无节流控制阀拉索或真空装置的电控液动变速器,可接好测试表及传感线(这种测试用压力转换器将压力信号转换为电信号,传送给数字万用表显示,操作方法比较方便),然后进行路试,让发动机进入大负荷工况牵引汽车,这时测得的油压值即为全负荷油压值。

将变速杆拨至 N 位位置,让发动机怠速运转 1 min 以上,将测得的主油路油压与标准值进行比较。不同车型自动变速器的主油路油压不完全相同,若主路油压不正常,说明油泵或控制系统有故障。

(5)调整器油压的测试。在测试调整器油压时,应当用举升器将汽车升起或用千斤顶将驱动桥顶起,也可以接上压力表后进行路试。

① 将变速杆置于 D 位。

② 松开驻车制动器拉杆,缓慢地踩下加速踏板,让驱动轮转动。

③ 读取不同车速下的调整器油压。

④ 将测试结果与标准值进行比较。

项目十五　拆装与检修离合器

下面以摩擦式离合器为例介绍离合器的拆装与检修方法。

正确拆卸离合器（见图 2-15-1）按下列步骤进行：

（1）用汽车举升机将汽车举到适当高度，加装安全保护装置，确定安全后取下变速器。

（2）用专用工具将压盘（飞轮）固定，然后观察压盘和飞轮的装配标志（如无标志，则做好标记），再将离合器的各固定螺栓依次拧松，取下压盘总成、离合器从动片。

（3）用拉马器拉出分离轴承。

（4）拆下分离轴承导向套、橡胶防尘套和回位弹簧。

（5）用尖嘴钳取出卡簧及衬套座，取出分离叉轴。

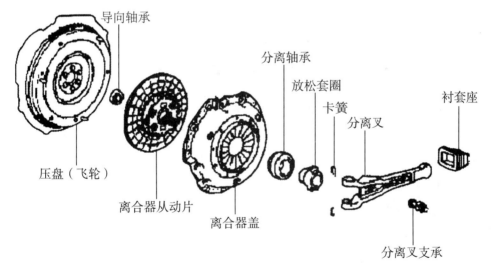

图 2-15-1　膜片弹簧式离合器的分解

1. 从动盘

（1）检查从动盘摩擦衬片是否有磨损、烧蚀、破裂。如图 2-15-2 所示，用游标卡尺测量从动盘，当铆钉沉入摩擦片表面的深度小于 0.30 mm 时，应更换从动盘。

图 2-15-2　摩擦衬片磨损程度的检查

（2）检查从动盘的端面圆跳动：用百分表抵在从动盘外边缘 2.5 mm 处测量，方法如图 2-15-3 所示。离合器从动盘最大端面跳动量不大于 0.50 mm，超过极限值应更换从动盘总成。

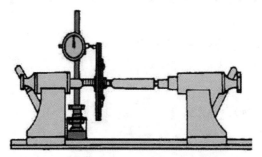

图 2-15-3　从动盘端面圆跳动的检查

（3）从动盘毂与变速器第一轴花键的配合间隙大于 0.60 mm 时，应更换从动盘毂或第一轴。从动盘置于配套的符合标准的压盘上，用塞尺测量从动盘的间隙，间隙应不小于 0.08 mm。

2. 膜片弹簧

（1）检查膜片弹簧的弯曲变形：如图 2-15-4 所示，用维修专用工具盖住弹簧片小端，用塞尺测量每个弹簧片小端与维修专用工具平面的间隙，弹簧片小端均应在同一平面上，弯曲变形量应不大于 0.50 mm。若弯曲变形过大，用维修专用工具将弯曲变形量过大的弹簧片小端撬起进行调整。调整后再测量一次，直到符合要求为止，否则必须更换膜片弹簧。

图 2-15-4　膜片弹簧弯曲变形的检查

（2）检查膜片弹簧内端的磨损情况：用游标卡尺测量膜片内端磨损的深度和宽度，如图 2-15-5 所示。当磨损深度大于 0.60 mm、宽度大于 5 mm 时，应更换膜片弹簧。

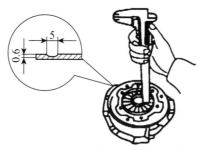

图 2-15-5　膜片弹簧内端磨损的检查

3. 压盘（飞轮）

如图 2-15-6 所示，直尺放平后以厚薄规测量平面度。对于轻度的不平或烧蚀，可进行光磨处理；如有严重的沟痕，则必须更换压盘。当平面度误差大于 0.20 mm、拉伤沟槽深度大于 0.50 mm 时，应磨修或更换压盘。

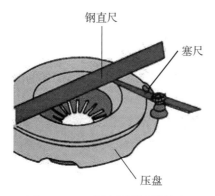

图 2-15-6　压盘平面度的检查

4. 分离轴承

用手固定分离轴承内缘，转动外缘，如图 2-15-7 所示，同时在轴向施加压力，检查是否有卡滞现象或明显间隙，如有则应更换分离轴承。

图 2-15-7　分离轴承的检查

5. 离合器盖

离合器盖弯曲不平应校正，如有裂纹，可焊修或更换离合器盖。

三、离合器的安装

离合器的安装按拆卸的相反顺序进行。

（1）清洁检修后的零件并摆放整齐。装配时一定要对准拆卸时所做的记号。

（2）各支点和轴承表面以及分离轴承在组装时应涂以润滑油。

（3）离合器从动盘有减振弹簧保持架的一面应朝向压盘方向安装。

（4）安装离合器压盘总成时，需要导向轴承或变速器输入轴进行中心定位，使从动盘与压盘同心，以便安装输入轴。

（5）用特制的压盘螺栓与螺母将压盘固定在夹紧板上，紧固时应沿对角线方向逐一按规定的力矩（25 N·m）拧紧。

（1）固定螺栓拧紧力矩为 45～63 N·m。

（2）用塞尺和专用工具测量弹簧尖头和专用工具之间的间隙，间隙应不大于 0.50 mm，否则应进行调整。

（3）膜片弹簧尖头位置的调整：用专用工具 SST 将弹簧扳弯，直到符合标准要求。

 五、容易出现的问题

（1）拧紧离合器固定螺栓时未均匀交叉地进行，未按标准拧紧力矩拧紧。

（2）完成后未清理现场。

 六、离合器调整

（1）检查踏板自由行程，踩下踏板直到有阻力的感觉时为止，踏板自由行程在 15～25 mm 之间为合格。

调整方法：松开锁止螺母并转动推杆至踏板自由行程和推杆行程在规定范围内为止，然后紧固锁止螺母，调整好后，检查踏板高度。踏板高度应在 145～155 mm 之间，超出规定的应予以调整。

（2）检查离合器分离点。

① 拉紧驻车制动器并踏制动器。

② 起动发动机怠速运转。

③ 踏离合器踏板慢慢将变速杆换入倒挡位置，直到啮合为止。

④ 慢慢踩下离合器踏板，并测量齿轮响声消失点（即为分离点）到最大行程终了位置时的行程距离，应为 25 mm，如不符合要求应进行调整。

七、离合器常见故障分析

1. 离合器打滑

故障分析：

（1）离合器踏板无自由行程。

（2）摩擦片有油污、烧蚀或铆钉外露现象。

（3）离合片弹簧的弹力过弱。

（4）分离叉或分离轴承卡住不能回位。

2. 离合器分离不彻底

（1）离合器踏板行程过大。

（2）分离杠杆内端太低或不在同一平面上。

（3）从动盘或压盘不平，从动盘移动困难。

（4）液压系统有泄漏。

3. 离合器发抖

（1）发动机压盘与离合器固定螺栓松动。

（2）压紧弹簧损坏。

（3）从动盘翘曲变形或有油污。

（4）发动机压盘不平。

（5）分离轴承卡住。

4. 离合器发响

（1）分离轴承磨损或脏污。

（2）摩擦片铆钉松动。

（3）分离叉卡住或分解轴承磨损。

项目十六　拆检变速器一、二轴组件

为了便于分解操作及检查,变速器总成的分解尽可能在专用的拆装架上进行。热车后拧下放油螺栓,放净变速器内的齿轮油。三轴式变速器的拆卸顺序为:拆卸第 1 轴→拆卸第 2 轴→清洗零件→检验第 1、2 轴→检验齿轮→检验同步器。

 一、拆卸第一轴

(1)拆下变速器上盖总成。

(2)从变速器前端拆除锁线及第 1 轴轴承盖紧固螺栓,取下轴承盖。用铜锤敲击第 1 轴,向前拔出第 1 轴,并取出第 2 轴前轴承。如图 2-16-1 所示。

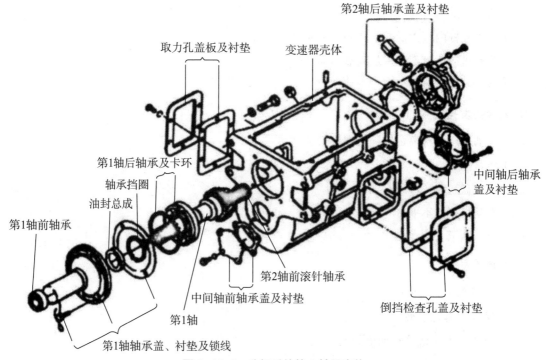

图 2-16-1　分解后的第 1 轴及壳体

 二、拆卸第 2 轴并分解

(1)拆下变速器第 2 轴后端锁紧螺母,卸下蝶形弹簧、后端凸缘、后轴承盖、隔套及里程表主动齿轮,如图 2-16-1、2-16-2 所示。

（2）用铜锤敲击第 2 轴的前端，用轴承拉力器拉出第 2 轴后轴承。

（3）取下 4、5 挡同步器总成。

（4）拆下 4、5 挡固定齿座锁环，取下止推环，并取出固定齿座、4 挡齿轮的轴承挡圈、4 挡齿轮及轴承、止推环、3 挡齿轮及轴承和 2、3 挡同步器总成。

（5）从第 2 轴后端取下 1、倒挡齿轮，用螺钉旋具压下止推环锁销，转动并取下 2 挡齿轮、锁销、弹簧、2 挡齿轮及轴承，分解后的第 2 轴总成如图 2-16-2 所示。

（6）拆卸倒挡轴。

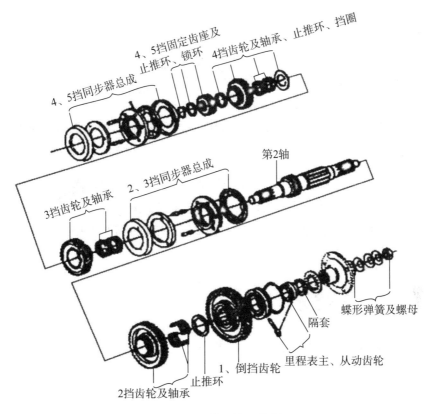

图 2-16-2　第 2 轴总成分解

三、清洗零件

将所有的零件用清洗剂清洗干净，用棉纱擦干。

四、检验第 1、2 轴

（1）轴的擦伤检验。要求轴表面无裂纹，检验方法与检验凸轮轴裂纹的方法一样。

（2）径向圆跳动检验。第 1 轴、第 2 轴和中间轴，以两端轴颈的公共轴线为基准，中部的径向圆跳动公差为 0.03 mm（轴长 120~250 mm）或 0.06 mm（轴长 250~500 mm），否则，应予以更换。

（3）拨叉轴检验。拨叉轴的直线度公差为 0.05 mm，轴上定位凹槽的最大磨损量为 0.5 mm，超过此限值应予以更换。

（4）轴承检验。轴承应转动灵活，滚动体与内外圈滚道不能有麻面、烧灼、磨损等缺陷。滚动轴承与轴承孔、轴颈或齿轮的配合应符合技术条件要求，轴颈磨损量不能大于 0.04 mm。

五、检验齿轮、同步器

1. 齿轮的检验

（1）齿轮的啮合面上出现明显的麻面、麻点、磨损时，须予以更换。

（2）固定齿轮或相配合的滑动齿轮的端面损伤不得超过齿长的 15%，厚度磨损不大于 0.40 mm。

（3）齿轮齿面的啮合面中线应在齿高的中部，接触面积不得小于工作面的 60%。

（4）齿轮与齿轮、齿轮与轴及花键的啮合间隙、径向间隙和轴向间隙应符合原厂规定。

2. 同步器检验

（1）锁环式惯性同步器的检测。锁环式惯性同步器要求锁止角无明显磨损，后备行程不小于 2.0 mm，同步器滑块顶部凸起磨损不得有凹槽，否则应予以更换。

（2）锁销式惯性同步器的检测。锁销式惯性同步器锥环外锥面上的螺纹槽深不小于 0.10 mm，后备行程不小于 2.0 mm。

六、第 1、2 轴的安装

第 1、2 轴的安装可按照拆卸步骤的相反顺序进行。

项目十七　检修万向传动装置

一、伸缩节的拆卸

（1）检查总成上的装配标记，必须时重做标记。

（2）拆下后传动轴与主减速器凸缘相连的螺栓，拆下与前传动轴凸缘连接的螺栓，拆下后传动轴总成。

（3）拆下传动轴与驱车制动鼓连接的螺母，拆下中间支承架与车架螺栓，取下前传动轴总成。

（4）打开伸缩节防尘罩的卡箍，取下防尘罩，把花键叉从滑动叉中拔出。

（5）分解滑动花键，拆开套管叉油封盖，将花键轴从套管叉中抽出，取下油封、油封垫和油封盖。

二、万向节的拆卸

（1）拆下万向节十字轴滚针轴承的压板、锁片，用卡簧钳将每个万向节叉孔的卡簧取出。

（2）左手把传动轴的一端抬起，右手拿手锤轻敲凸缘根部，将一个滚针轴承振出，如图2-17-1所示。

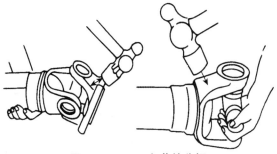

图2-17-1 万向节的分解

将传动轴转过180°，用同样的方法取出另一个滚针轴承，取下凸缘叉。然后，左手抓住十字轴，将传动轴一端抬起，右手你拿锤轻敲万向节根部，将另外两个滚针轴承振出。

（3）分解中间支承，拔出开口销，拧下槽形螺母，取下垫圈，用手锤轻敲凸缘背面外缘，松动后把凸缘从前花键轴上拔出。用拉力器从前花键轴上取下整个中间支承总成，再取下轴承座上的橡胶垫环。将轴承座夹持于台虎钳上，配合铜棒、手锤取出两边油封和轴承，如图2-17-2所示。

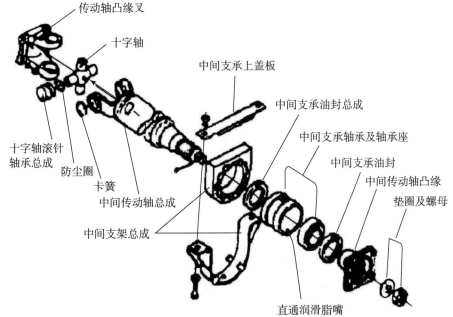

图2-17-2 中间传动轴及支承总成分解

三、清洗零件

将所有零件用清洗剂洗干净,并用棉纱擦干。

四、万向传动装置主要零件的检验

1. 传动轴

(1)传动轴轴管不得有裂纹及严重的凹瘪,传动轴轴管全长上的径向全跳动公差应符合表 2-17-1 规定。

表 2-17-1 传动轴轴管径向全跳动公差(mm)

轴长	600	600–1 000	1 000
径向全跳动公差	0.6	0.8	1.0

(2)中间传动轴支承轴颈的径向圆跳动公差为 0.10 mm。当传动轴轴管的径向跳动误差超过规定时,应对传动轴进行校正或更换。

(3)传动轴花键与滑动叉花键、凸缘叉与所配合花键的间隙:对于轿车此值应小于 0.15 mm;对于其他类型的汽车此值应小于 0.30 mm,装配后应保证滑动自如。

2. 万向节叉、十字轴及轴承

(1)万向节叉和十字轴上不得有裂纹。

(2)十字轴表面有疲劳剥落、磨损沟槽或滚针压痕深度在 0.10 mm 以上时,应更换新件。

(3)滚针轴承的油封失效、滚针断裂、轴承内圈有疲劳剥落时,应更换新件。

(4)十字轴与轴承的最小配合间隙应符合原厂规定,最大配合间隙应符合表 2-17-2 的规定。十字轴及轴承装入万向节叉后的轴向间隙为 0.10 ~ 0.50 mm;整体式轴承孔间隙为 0.02 ~ 0.25 mm。

表 2-17-2 十字轴轴承的配合间隙(mm)

轴颈直径	≤ 18	18–23	>23
最大配合间隙	0 符合原厂规定	0.10	0.14

五、等速万向节与传动轴的拆卸和分解

(1)在车轮着地时旋松驱动半轴与轮毂间的固定螺母。

(2)旋下传动轴与结合盘的螺栓,将传动轴与结合盘分开。

(3)从车轮轴承壳内压出驱动半轴。

(4)拆下防尘罩卡箍后卸掉传动轴端头卡簧。

(5)用轻金属锤或木槌将外等速万向节总成从轴上敲下,如图 2-17-3(a)所示。

(6)压出内等速万向节总成,如图 2-17-3(b)所示。

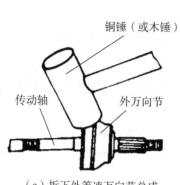
(a) 拆下外等速万向节总成

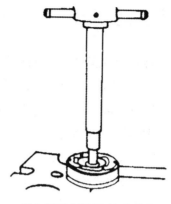
(b) 拆下内等速万向节总成

图 2-17-3　拆卸等速万向节总成

（7）分解外等速万向节，做好球笼、在球壳上做好标记，转动球毂、球笼，依次取出钢球、球笼和球毂，如图 2-17-4 所示。

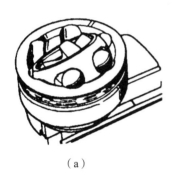
(a)

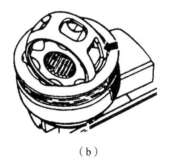
(b)

(c)

图 2-17-4　外等速万向节的分解

（8）分解内等速万向节，转动球毂和球笼，按垂直方向取出球笼和钢球，然后从球笼上取下球毂。球毂和球壳为选配合件，应成对放置，不许互换，如图 2-17-5 所示。

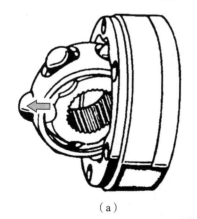
(a)

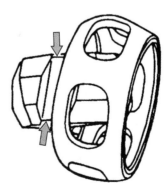
(b)

图 2-17-5　内等速万向节的分解

第二部分 汽车检修

六、等速万向传动装置的装配

装配等速万向传动装置时，可按拆卸的相反顺序进行，并应注意以下事项：

（1）按标记安装万向节的球笼、球毂和球壳。

（2）安装传力钢球时，应将球笼、球毂转到相应的位置，然后顺利装上全部传力钢球，不得硬装，以免损伤传力钢球和球笼。

（3）安装外等速万向节总成时，应将卡簧尽量压入槽底，以便顺利安装。

（4）因为万向节的球毂和球壳为选配合件，所以拆装时左、右万向节零件不许互换。

（5）驱动半轴与轮毂的固定螺母、内万向节的连接螺栓应按规定扭矩拧紧。

项目十八 检修与调整转向器

下面以循环球式机械转向器为例进行介绍。

一、转向器的分解

（1）将转向器固定在台虎钳上。

（2）拆下放油螺栓，放出转向器内的润滑油。

（3）转动螺杆，使转向螺母处于蜗杆中间位置，然后拧下转向器侧盖的4个紧固螺栓，用软质锤轻轻地敲击转向摇臂轴输出端，取下侧盖及摇臂轴总成并解体，如图2-18-1所示。取出摇臂轴时，注意不要碰伤油封。

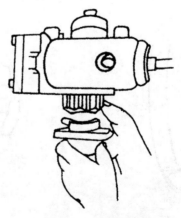

图 2-18-1 取出摇臂轴

项目十八　检修与调整转向器

（4）拧下转向器下盖上的紧固螺栓，用软质锤轻轻敲击转向螺杆上端，取下下盖、转向螺杆及螺母总成（注意不要碰伤油封）并拆下转向器上盖等零件，如图2-18-2所示。

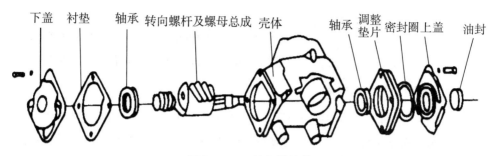

图 2-18-2　转向器总成

（5）转向螺杆、螺母的解体。先拆下导管夹，如图 2-18-3（a）所示，取下钢球导管，如图 2-18-3（b）所示，然后转动转向螺杆取下所有钢球，使螺杆与螺母分离。

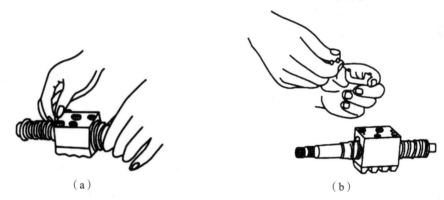

图 2-18-3　转向螺杆和螺母解体

（6）拆下各油封及密封圈，用压具从转向器壳体中拆下摇臂轴衬套。

二、清洗零件

将所有零件用清洗剂清洗干净，去除锈迹及油污，并用棉纱擦干。

三、主要零件的检修

1. 转向器壳体的检修

（1）壳体不能有大于 0.1 mm 的裂纹，不严重的裂纹可用粘补法修复。各结合平面的平面度误差应不大于 0.10 mm。螺杆两端轴承外径与承孔的配合间隙为 0.02～0.045 mm。壳体与衬套的配合间隙不能大于 0.02 mm。

（2）修整壳体变形。壳体变形的特点是摇臂轴承孔的公共轴线对于转向螺杆两轴承孔公共轴线的垂直度误差超限（误差为 0.04 ~ 0.06 mm）。两轴线的轴心距变大（误差为 0.10 mm），不但会引起转向沉重，同时减少了转向器传动副传动间隙可调整的次数，缩短了转向器的使用寿命。

2. 摇臂轴的检测

不允许有裂纹，摇臂轴与衬套配合间隙应为 0.03 ~ 0.08 mm，弯曲量不大于 0.15 mm，油封轴颈位置的磨损不大于 0.25 mm，三角形花键变形不大于 1 mm。止推轴承不允许损坏或松旷。

3. 转向螺杆与转向螺母的检测

（1）转向螺杆与转向螺母的钢球滚道应无疲劳磨损、划痕等损耗，钢球与滚道的配合间隙应小于 0.10 mm。检验钢球与滚道配合间隙的方法有两种：一种方法是把转向螺母夹持固定后，把转向螺杆旋转到一端止点，然后检验转向螺杆另一端的摆动量，其摆动量应小于 0.10 mm，转向螺杆的轴向窜动量也应小于 0.10 mm。另一种方法是将转向螺杆和转向螺母配合副清洗干净后，把转向螺杆垂直提起，转向螺母在重力作用下，能平稳地旋转下落，说明配合副的传动间隙合格。若无其他损耗，一般不对传动副组件进行拆检。

（2）维修总成时，应检查转向螺杆的隐伤，若有隐伤、滚道疲劳剥落、三角键有台阶形磨损或扭曲，应更换新件。

（3）转向螺杆的支承轴颈若产生疲劳磨损，会引起明显的转向盘沉重或转向迟钝。

四、转向螺杆和螺母的装配与调整

（1）安装转向螺杆组件。转向螺杆螺母组件在维修时一般不拆散。当拆散组件重新组装时，先平稳地逐个装入钢球，在装钢球的过程中，转向螺杆和螺母不要相对运动，必要时只能稍转动转向螺母，如图 2-18-4 所示，或用塑料棒将钢球轻轻冲进滚道内。

图 2-18-4　钢球的装入

（2）给装满钢球的导管口压入润滑脂以防止钢球脱出，用导管卡将导管固定在转向螺母上，并用橡胶锤轻轻敲击使其安装到底，安装好导管并用螺钉紧固。此时，转向螺母应转动灵活，从转向螺杆上端能自由下落，如图 2-18-5 所示。转向螺杆与螺母的轴向和径向间隙应不大于 0.05 mm。

项目十八　检修与调整转向器

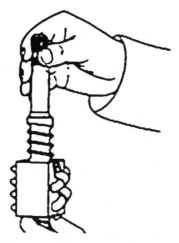

图 2-18-5　转向螺母的转动检查

（3）装入钢球后，转向螺母的轴向窜动量应不大于 0.10 mm。

（4）将转向螺杆止推轴承内圈压装在转向螺杆的轴颈上，轴承外圈分别压装在转向器上、下盖上。

（5）将组装好的螺杆和螺母总成装入转向器壳体上并紧固，同时装好转向器上盖及调整垫片。此刻转向螺杆应转动灵活，且无间隙感觉，其转动扭矩应为 0.7～1.2 N·m。螺杆转动不灵活或转矩过大，应在上盖处增加调整垫圈厚度。当轴向间隙过大时，则减少垫片。

（6）在转向螺杆颈部涂少量润滑脂后，装复螺杆油封。

 五、摇臂轴的装配与调整

（1）检查用于转向螺母与齿扇啮合间隙的调整螺钉的轴向间隙。将齿扇轴止推垫片套到调整螺钉上，把调整螺钉及适当厚度的调整垫圈依次装入齿扇轴轴端的孔中，并装上锁环，如图 2-18-6 所示。若此间隙大于 0.12 mm，在调整螺钉与摇臂上的承孔端面间加推力垫片调整。

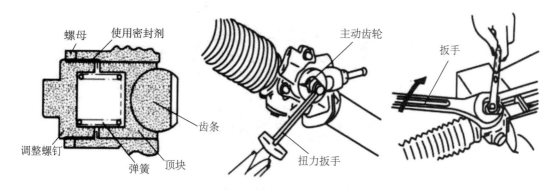

图 2-18-6　安装调整螺钉

（2）摇臂轴承预润滑之后，将齿扇轴滚针轴承装入转向器壳体内。在齿扇轴上涂一层薄薄的润滑脂。

（3）安装转向器侧盖。

① 将侧盖拧到调整螺钉上，并在侧盖上装好密封圈垫片。给油封涂密封胶后，将油封唇口向内，均匀地压入壳体上的承孔内。

② 将转向螺母移至中间位置（转向器总圈数 1/2），装入摇臂轴组件。

③ 侧盖密封垫涂以密封胶，安装并紧固。

④ 按顺序装入止推垫片、调整螺钉、垫圈和弹性挡圈，如图 2-18-6 所示。

（4）安装转向器下盖与上盖。

① 把轴承装入下盖承孔中。

② 安装调整垫片和下盖，从壳体孔中放入转向螺杆组件后安装下盖。装下盖之前在结合平面上涂以密封胶。

③ 把轴承外圈和转向螺杆油封压入上盖，并装入上盖调整垫片和上盖。

④ 通过增减下盖调整垫片或用下盖上的调整螺钉调整转向螺杆的轴承紧度，然后检查转向盘的转向扭矩，一般为 0.6～0.9 N·m。

⑤ 安装摇臂时，应注意摇臂与臂轴二者的装配记号要对正，摇臂紧固螺栓应确定做到紧固、锁止可靠。

⑥ 按原厂家规定加注润滑油。

⑦ 有条件时，应检查转向器的反驱动扭矩（转向轴处于空载状态时使摇臂轴转动的扭矩），转向器的反驱动扭矩应符合原厂规定。

（5）调整转向器的转向间隙。

① 使转向器的传动副处于中间位置（车辆直行位置），此时摇臂的自由摆动量应小于 0.15 mm，否则应调整齿扇与转向螺母下平面齿条的啮合间隙，如图 2-18-7 所示。

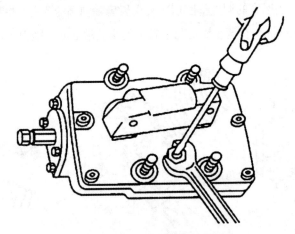

图 2-18-7　啮合间隙的调整

② 通过调整螺钉调整转向器传动副的啮合间隙。调整螺钉向里旋，啮合间隙减小，反之则增大。

在直行位置上应呈无间隙啮合。调整合适后，拧紧紧固螺栓。

③中间位置上，转向器的转动扭矩应为 1.5 ~ 2.0 N·m。转向器的转动扭矩调整合格后，按规定扭矩锁紧调整螺钉。

六、转向器的检查

检查已装配、调整好的转向器。转向器螺杆与摇臂轴应转动灵活、无卡滞，且无轴向间隙。

项目十九　检修前桥

汽车行驶过程中，在垂直载荷及地面传来的纵向和侧面水平力的长期作用下，汽车前轴出现弯曲变形、扭曲变形及疲劳裂纹。同时，挤压和摩擦的作用，还会引起主销孔及其上下端面、钢板弹簧座平面及弹簧座上定位孔和 U 形螺栓孔的磨损，而影响汽车的前轮定位和行车安全性，同时也加剧轮胎的磨损。

一、前轴变形的测量

前轴变形的测量是指检验钢板弹簧座与主销孔之间的变形。

1. 用试棒、角尺检验

如图 2-19-1 所示，将专用角尺贴靠试棒（角度与被测车型主销内倾角相同），观察角尺边缘与试棒贴靠间隙。如果试棒与角尺之间存在间隙，表明前轴存在垂直方向的弯曲变形。如上端有间隙，则前轴向下弯曲。如下端有间隙，则前轴向上弯曲。观察角尺与试棒、角尺与垫铁中心刻线重合情况。如角尺与试棒中心线重合，而角尺与垫铁中心线不重合，则前轴有前后弯曲；如角尺与垫铁中心重合，而角尺与试棒中心线不重合，则弯曲出现在前轴拳形部位。若角尺为可调式，可直接测出前轴此时的内倾角。

2. 拉线检查

如图 2-19-2 所示，在前轴两主销孔上端中间拉一细线，然后用直尺测量接线到两个钢板弹簧座的距离，若 h_1 和 h_2 相等，则该轴无上下弯曲变形。如与同一车型新轴对比，哪端高度大于新轴，则该端拳形部位向上弯曲，反之说明向下弯曲。观察细线是否通过两个钢板座的中心线，据此可以判断前轴有无前后弯曲。

若测得值不符合原设计规定时，表明前轴存在垂直方向的弯曲变形。若拉线偏离钢板弹簧座中心（偏离量应小于 4 mm），表明前轴两端存在水平方向的弯曲或扭曲变形。

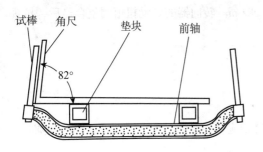
图 2-19-1 试棒和专用角尺检测前轴的变形

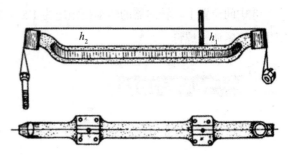
图 2-19-2 拉线法检测前轴的变形

二、前轴的校正

1. 热校正

将前轴变形部位局部加热至 500 ℃ ~ 600 ℃ 后,可由锻工凭经验手工操作进行校正。若前轴为铸铁件,不能使用此法。

2. 冷校正

前轴弯、扭变形的冷校正一般在专用液压校正器上进行,即利用校正器进行检测的同时,可由专职锻工用液压缸对前轴的相应部位施加压力或扭力进行校正,如图 2-19-3 所示。

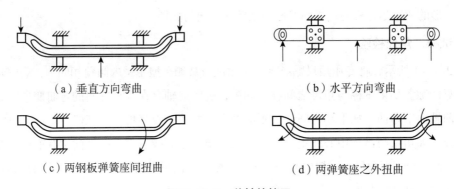
图 2-19-3 前轴的校正

三、前轴主销孔的检验

用游标卡尺测量前轴主销孔与主销的配合间隙,应符合原厂家设计规定,不符合要求时可按修理尺寸法进行修理。前轴主销孔与主销的配合间隙如表 2-19-1 所示。

表 2-19-1 部分车型前轴修理技术要求（mm）

车型	东风 EQ1090E	解放 CA1091
主销与前轴承孔配合	0.010 ~ 0.052	0.010 ~ 0.052
主销与转向节衬套的配合	0.025 ~ 0.077	0.025 ~ 0.067
转向节叉下平面与前轴间隙	≤ 0.155	≤ 0.25
转向节承孔与衬套外径配合	−0.175 ~ 0.086	−0.175 ~ 0.086

当前轴主销孔与主销配合间隙超过规定值，但孔经磨损尚未达到最后一级修理尺寸时，可用修理尺寸方法将主销扩大，换用加大尺寸的主销。转向节主销修理尺寸如表 2-19-2 所示。

表 2-19-2 转向节主销修理尺寸（mm）

修理尺寸级别	1	2	3	4	5
主销加大尺寸	+0.08	+0.12	+0.16	+0.20	+0.24（不常用）

前轴主销孔按修理尺寸加大后，要换用相应尺寸的主销与之配合，以恢复正常配合间隙，并按同级修理尺寸选配推力轴承和加工转向节主销衬套孔。前轴主销孔磨损到达最后一级修理尺寸时，可镶套修复或更换前轴。

四、检查前轴其他部位

（1）拳形部位上、下端面磨损不大时，可锉平。

（2）用钢直尺、塞尺测量钢板座平面，钢板座平面磨损不大时，可修平；当厚度减少量大于 2 mm 或定位孔直径大于 1 mm 时，应酌情修复。

（3）裂纹不大，且深度小于断面长度 1/4 时，可用电焊修复；裂纹过大，原则上应更换前轴。

项目二十　检修鼓式车轮制动器

一、拆卸鼓式制动器

东风 EQ1092 的鼓式制动器的拆装分解图如图 2-20-1 所示。

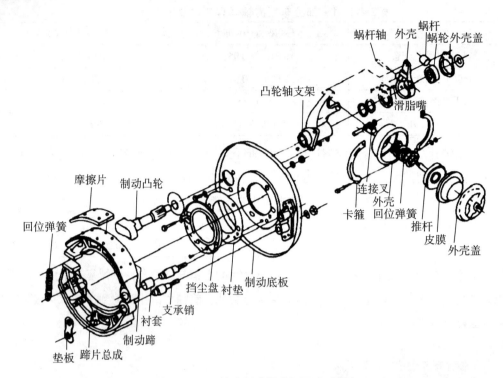

图 2-20-1 鼓式制动器分解图（后轮）

拆卸鼓式制动器可按以下步骤进行：

（1）松开半轴螺栓拆下半轴，用专用套筒拆下轮毂轴承锁紧螺母，依次取出锁紧垫圈、外油封及油封外壳。

（2）拆下轮毂轴的调整螺母，取出外轴承，拆下轮毂总成，取出内轴承。

（3）用专用弹簧拉钩拆下回位弹簧。

（4）拆下蹄片轴上的两个开口销和垫板（锁片），取下两个开口销和垫板，取下两个制动蹄总成。

（5）拆下蹄片轴螺母和弹簧垫圈，取下蹄片轴。

（6）拆下制动气室推杆与调整臂之间的开口销及连接销。

（7）拆下制动气管与制动气室。

（8）拆下调整臂开口销及垫圈，取下调整臂总成。

（9）抽出制动凸轮及制动凸轮支承垫圈。

（10）拆下制动气室凸轮支架。

（11）拆下制动底板紧固螺栓，拆下制动底板。

（12）从轮毂上拆下制动鼓。

二、清洗零件

1. 制动毂

（1）可用敲击法、直观法等检查制动毂是否出现裂纹，毂内壁工作面应无明显的沟槽，如拉槽深度大于 0.50 mm，应对制动鼓工作面进行镗削加工修复。

（2）用带专用架的百分表或弓形内径规检查工作面的磨损情况，如图 2-20-2 所示。当圆度和圆柱度误差大于 0.25 mm，以及工作表面与轮毂轴承中心线的同轴度误差大于 0.50 mm 时，应对制动毂工作面进行镗削加工修复。

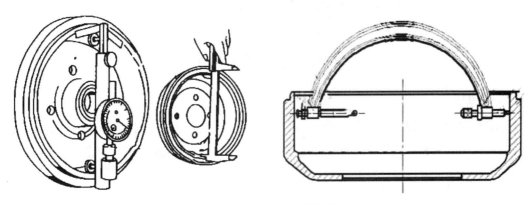

图 2-20-2 制动毂的检查

（3）镗削后，制动毂工作面的几何形状相对位置和表面粗糙度应符合要求。同一轴上左、右两个制动鼓的内径差不大于 1 mm。镗削修复后的制动鼓内径不能超过规定值。修复尺寸的极限值：大货车为 6 mm，小货车为 4 mm，轿车为 2 mm。

2. 制动蹄

（1）检查制动蹄片是否有油污、起槽、爆裂、硬化等现象。

（2）制动衬片厚度磨损量应不大于 1/3（衬片厚度减少的允许值为 0.8 ~ 2 mm），如图 2-20-3 所示。制动片的铆钉不能松动，钉头离工作面的距离应不小于 0.5 mm。制动鼓与制动片的接触面积大于 50%，贴合良好，制动鼓与片之间的间隙应不大于 0.12 mm，而且两头接触，中间不接触。

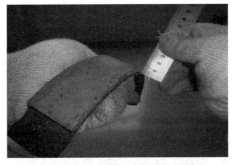

图 2-20-3 制动器摩擦衬片的检查

（3）制动蹄承孔与支承销配合间隙为 0.07 ~ 0.17 mm。制动凸轮轴与座的配合间隙应不大于 0.30 mm。

3. 回位弹簧

蹄掌回位弹簧应无变形、裂纹和丧失弹力，自由长度和拉力左、右轮要求相同。例如解放 CA1091 汽车的自由长度为 138 mm，如图 2-20-4 所示。拉伸长度为 179 mm，拉力为 1028 N。

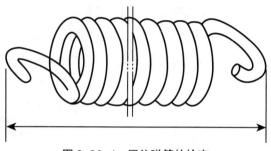

图 2-20-4　回位弹簧的检查

4. 制动底板

制动底板必须要牢固，有裂纹应焊修。底板上的支撑销孔磨损量超过 0.15 mm，螺栓孔磨损量超过 0.80 mm 时，可镶套或焊补后重新钻孔修复，检查方法如图 2-20-5 所示。底板支撑销孔修复后与支承销的配合间隙应符合要求。

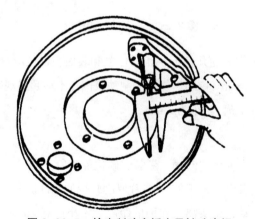

图 2-20-5　检查制动底板支承销孔磨损

5. 轮毂轴承

轮毂轴承不允许烧坏，轴承外圆与承孔的配合间隙为 -0.06 ~ +0.07 mm。轴承内圆与轴颈配合间隙应不大于 0.10 mm。拆轮毂前先检查摩擦片与制动鼓的间隙以及凸轮所处的位置，安装时要保证凸轮在最低位置时摩擦片与制动鼓的间隙为 0.20 ~ 0.40 mm。

6. 制动凸轮轴

制动凸轮与制动蹄前端面磨损量应不大于 0.3 mm，刹车推杆凸轮轴套的配合间隙应不大于 0.4 mm。表面严重磨损时，应更换或用电焊修复。用千分尺检查制动凸轮轴轴颈，如图 2-20-6 所示。

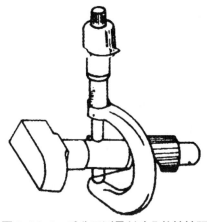

图 2-20-6　千分尺测量制动凸轮轴轴颈

若轴颈与支架衬套的磨损量超过标准，可更换或镀铬，电焊后磨圆修复。凸轮轴轴颈与支架座孔配合间隙如表 2-22-1 所示。

表 2-20-1　凸轮轴轴颈与支架座的配合间隙（mm）

参数项目 车型	前制动凸轮轴轴颈与支架座		后制动凸轮轴轴颈与支架座	
	规定	使用极限	规定	使用极限
东风 EQ1090E	0.032 ~ 0.15	0.80（换衬套）	0.34 ~ 0.55	1.2（换衬套）
解放 CA1091	0.025 ~ 0.171	0.40	0.31 ~ 0.49	0.50

三、鼓式车轮制动器的装配

装配可按拆卸的相反方向进行。用千斤顶顶起车桥，使车轮离地至能自由转动，松开制动蹄支点销的固定螺母。

（1）装上制动底板，交叉拧紧固定螺栓（如是铆钉紧固，则用铆钉）。

（2）装上蹄片轴，套上弹簧垫圈后装上螺母。

（3）装上制动凸轮支撑座和螺栓，装上弹簧垫圈和螺母，穿上钢丝锁线，再将螺母拧紧。

（4）在后桥壳上装上制动凸轮支架。

（5）将支撑垫圈套在制动凸轮上，并把制动凸轮花键端穿过制动底板支撑座及支架，再装上调整垫片、调整臂总成和垫圈，锁好开口销。注意：制动凸轮左、右不能装反。

（6）将制动气室总成装在支架上，并把制动气室推杆与调整臂用连接销连接，然后锁好开口销。

（7）按原标记装上制动蹄片，用弹簧拉钩将回位弹簧装上。

（8）装上蹄片轴垫板，并装好开口销。

（9）装上轮毂内油封和内轴承。

（10）装上轮毂总成，再装上轮毂外轴承和调整螺母，调整轴承预紧度。

（11）依次装上油封外壳、外油封、锁紧垫圈和锁紧螺母。

四、鼓式车轮制动器的调整

1. 轮毂轴承预紧度的调整

将调整螺母拧到底,再退回 1/8 ~ 1/4 圈。车轮应转动灵活,无轴向间隙感觉,否则应重新调整。调整符合要求后,用锁片将锁止螺母锁住。

2. 制动蹄片的调整

(1)拆下制动鼓上的检查孔片,使用塞尺检测,松开制动蹄支承销固定螺母和凸轮轴支架紧固螺母。

(2)将标记相对的两个支点销向外转动,如图 2-20-7 所示。先使蹄片下端向制动鼓靠近,再转动制动臂调整蜗杆,使蹄片上端向制动鼓靠近。反复拧动制动蹄支承销和调整臂的蜗杆轴,使制动蹄摩擦片与制动鼓完全接合,如图 2-20-8 所示。

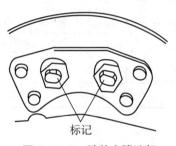

图 2-20-7　蹄片支撑端部

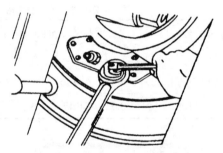

图 2-20-8　制动间隙的调整

(3)按相反方向转动制动臂,将调整蜗杆轴松回 3 ~ 4 响(1/2 ~ 2/3 转),使摩擦片与制动鼓脱离接触。制动鼓转动应灵活,无摩擦声,间隙符合标准要求。

解放 CA1091:上端(凸轮轴)为 0.40 ~ 0.70 mm,下端(支承销端)为 0.20 ~ 0.50 mm。

东风 EQ1092:上端(凸轮轴)为 0.40 ~ 0.70 mm,下端(支承销端)为 0.25 ~ 0.40 mm。

(4)拧紧凸轮轴支架和制动蹄支承销轴的紧固螺母。

(5)同一端两蹄间隙之差应不大于 0.10 mm,制动气室推杆行程应为(25±5)mm。

五、鼓式车轮制动器间隙的调整

车轮制动器间隙的调整分为局部调整和全面调整两种。局部调整只需调整制动蹄的张开端,通常用于车辆在运行过程中因蹄鼓的间隙变大而进行的调整。全面调整需同时调整制动蹄片两端的位置,通常用于更换制动蹄衬片或镗削制动鼓后,为保证制动蹄与制动鼓的正确接触而进行的调整。对于不设置固定端的自动增力式车轮制动器而言,没有全面调整和局部调整之分。全面调整的步骤如下。

（1）松开凸轮轴支架的固定螺栓，使凸轮获得一定的自由度，以便其自动找正中心。

（2）转动调整臂的蜗杆轴使制动蹄压向制动鼓，直至蜗杆轴不能再转动为止。晃动凸轮轴支架，使凸轮位置居中。

（3）向可以转动的方向转动两支承销，直至制动蹄片固定端抵住制动鼓，支承销不能再转动为止。

（4）重复第（2）步和第（3）步，直到制动蹄片的两端均抵住制动鼓，蜗杆轴和支承销不能再转动为止。在此位置上，先将凸轮轴支架和支承销固定，然后转动调整臂的螺杆轴，使制动蹄片推回，两端出现间隙。

（5）用厚薄规检查制动蹄鼓的间隙应符合要求。

六、鼓式车轮制动器的检验

（1）制动蹄应能灵活工作。
（2）制动鼓应转动自如，无卡滞、无摩擦声、无松旷。
（3）制动是否可靠，解除制动后蹄片能否迅速回位。

项目二十一　检修盘式车轮制动器

一、拆卸

盘式车轮制动器的分解图如2-21-1所示。

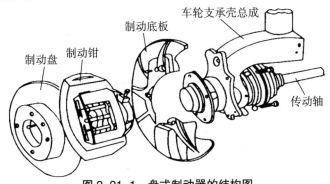

图2-21-1　盘式制动器的结构图

分解步骤如下：

（1）松开车轮螺母，用千斤顶支起前桥并卸下车轮。

（2）松开制动鼓钳体的紧固螺栓（紧固扭矩 70 N·m），前轮制动器即可与车轮分离。

（3）拧松制动器罩的螺栓，制动器罩即可从转向节体上取下。

（4）松开制动软管接头，并用容器收集制动液。

（5）拆下上、下定位螺栓，用手卸下制动器摩擦片上、下定位弹簧，如图 2-21-2 所示。

（6）用扳手拧松并拆下上、下固定螺栓。

（7）取下制动钳壳体。

（8）从支架上拆下制动摩擦片。

（9）用撬杆把制动钳活塞压回缸筒底部（制动钳壳体内）。在压回活塞之前，应先从制动液储液罐中放出制动液，收集并存放至专用容器里，以免活塞压回时引起制动液外溢而损伤车身漆膜。

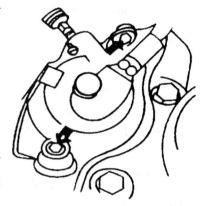

图 2-21-2　拆下上、下定位螺栓

（10）拆下制动钳导销和制动钳，把制动钳挂在悬架弹簧上，对着制动钳支板，按住防震夹取下摩擦衬片。

（11）卸下制动盘固定螺母，取下制动盘。

（12）在活塞对面垫上木板，用压缩空气从放气螺钉孔中把活塞压出气缸。

（13）用螺钉旋具小心地从缸筒上取出密封圈。

二、零件的清洗

用清洗剂将拆散的全部零件放在托盘内进行彻底清洗。

三、主要零件检测及修理方法

1. 制动盘

（1）可用敲击法、直观法等检查制动盘是否出现裂纹和凹凸不平现象，如有凹凸不平现象，应进行车削加工，但加工后的厚度不小于 17.8 mm。如有变形、破裂磨损呈台阶状或表面槽深度不大于 0.50 mm 时，应更换新件。更换制动盘时，同一轴的两个制动盘必须同时更换。

（2）用带专用架的百分表或弓形内劲百分表检查制动盘工作面的磨损情况，其端面的跳动量应不大于 0.06 mm，摩擦衬片磨损后，厚度减薄达极限值（或磨损至报警灯发亮）时应更换新摩擦衬片。当圆度和圆柱度误差大于 0.25 mm，以及工作面与轮毂轴承中心线的同轴度误差大于 0.50 mm 时，应对制动盘工作面进行车削加工修复。

（3）用百分表测量制动盘端面的跳动量，应不大于 0.06 mm。

2. 制动摩擦片

（1）检查制动蹄片是否有油污、起槽、爆裂或硬化现象。

（2）当制动摩擦片厚度（包括底板）小于 7 mm 时，说明摩擦片已磨损到极限，必须更换新的摩擦片。在许多车辆上安装了报警装置，当摩擦片磨损至一定程度时，报警簧片与制动盘接触，就会发出尖叫声。簧片与制动盘的接触不会对盘造成损伤。但是如再继续使用，摩擦片过度磨损至摩擦片背板露出，就会损伤制动盘。因此，当簧片发出尖叫声，应及时更换制动摩擦片。

3. 制动钳

重点是检查活塞与缸筒的间隙，当间隙大于 0.15 mm 时或缸筒壁有较深的划痕时，应更换制动钳总成。检查制动钳壳体应无裂纹、损坏和变形，否则应更换新件。

4. 制动轮缸

检查活塞、活塞座和制动分泵密封圈等是否磨损、损坏或变形。

四、装配与调整

装配可按拆卸的相反方向进行。应注意润滑制动钳的润轨和滑销。装复后，应踩下几次制动踏板，检查制动盘的运转是否有较大阻力。具体步骤如下。

（1）安装密封圈和防尘套。安装时应注意，对于带外密封唇边的防尘套应先用螺钉旋具将密封唇边掀入钳体的槽口内，然后用专用工具将活塞压入缸筒内，接着将活塞装入钳体。

（2）安装上摩擦片。由于新制动块总成比旧件的厚度大，在装配制动块前应将制动钳的活塞推回一定距离。为减小推压活塞回位时的阻力，可将制动钳上的放气螺钉拧开。

（3）装上制动钳，用 40 N·m 的扭矩拧紧紧固螺栓。

（4）安装上、下定位弹簧，如图 2-21-3 所示。

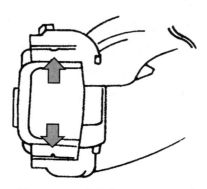

图 2-21-3　安装上、下定位弹簧

（5）安装制动钳体，用 70 N·m 的扭矩拧紧螺栓。

（6）安装完毕后，停车时用力将制动器踏板踏到底数次，以便使制动摩擦衬片安装到位，并配合系统放气。

（7）安装车轮等机件。

（1）由于盘式车轮制动器的制动轮缸中有弹性密封圈，用以自调间隙，所以安装完毕后，应用力将制动踏板踩到底数次，使制动器摩擦片能正常就位，制动器间隙自动调整。

（2）安装完成以后，应该按维护的技术和步骤排放系统内的空气，并在摩擦片能正确就位后对其进行调整，使之符合技术要求。

项目二十二　检修液压制动真空助力器

用制动液或酒精清洗各零部件。

加力气室壳体不能有裂纹和严重变形。真空助力器室、膜片有老化、裂纹等现象应予以更换。

回位弹簧要有弹力，不能有严重生锈、损伤、断裂变形或弹性下降等现象，否则应予以更换。动力推杆不能有弯曲、扭曲、磨损现象。

球阀应无裂纹、磨损、剥落等现象，缸体里面应光滑，无拉花和积垢，不能有起坑和磨损斑点。

辅助缸不应有裂纹，缸壁上不能有明显的划痕，活塞应无擦伤、氧化现象，与缸筒的配合间隙一般为 0.02～0.063 mm，应不大于 0.13 mm，否则应予以更换。

在修理时，双密封圈、活塞皮圈一般应更换，但如无软化、老化、损伤、变形发胀等现象，且技术状况良好，则仍可继续使用。

控制阀膜片皮碗、密封圈、软管等橡胶制品不能发胀、爆裂、老化、磨损，真空阀、空气阀密封面不能有损伤、起坑。

装配按拆卸步骤相反顺序进行。

项目二十三 检修液压制动总泵

注意：装回车上后，连续踩下制动踏板数次，再用中等力度踩下制动踏板，并保持在一定位置，然后起动发动机。若感觉制动踏板的位置有所下降，说明真空增压器功能正常；若踏板下降后又顶起，说明辅助缸阀密封不严。

项目二十三　检修液压制动总泵

一、分解

（1）放出制动液。拆下制动总泵至制动管路的连接管，拆下制动储液罐。

（2）如图 2-23-1 所示，旋出总泵与真空助力器的连接螺钉，取下总泵及密封垫。

（3）拆下连接螺钉。拔出储液罐，从油池上拆下盖子和滤清器。

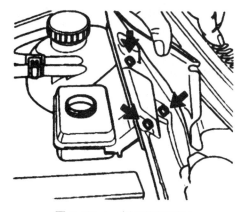

图 2-23-1　拆下连接螺钉

（4）把泵体夹在台虎钳上，拆下密封圈和活塞定位螺栓，如图 2-23-2 所示。

图 2-23-2　拆下密封圈和活塞定位螺栓

（5）用十字螺钉旋具直推活塞，拆下限位螺钉和垫片。

（6）推进活塞，用卡环钳取出卡环，如图 2-23-3 所示。

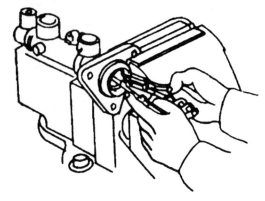

图 2-23-3　拆下卡环

（7）在两个木块之间轻轻下敲泵体，使活塞露出，取出活塞，如图 2-23-4 所示。

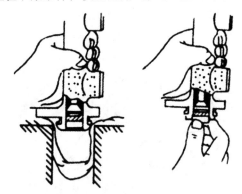

图 2-23-4　拆下活塞

用制动液清洗所拆下的全部零件。橡胶件用棉纱擦拭干净。

（1）检查活塞与缸筒之间的间隙应不大于 0.13 mm，否则更换主缸。

（2）检查缸壁上有无明显划痕，如有则应更换主缸。

（3）主缸回位弹簧不得有损伤、变形或弹性下降，否则应更换新件。

（4）检查阀门、弹簧、垫圈是否完好，若有损坏则须更换新件，皮碗和皮圈维修时一律要更换新件。

注意：桑塔纳轿车的制动主缸不允许分解和修理，若有损坏则更换总成。

项目二十四 检修起动机

四、装配与调整

（1）把两个弹簧和活塞装入泵体的缸筒中，然后用卡环钳装上卡环。

（2）用十字螺钉旋具直推活塞，再装上定位螺钉。

（3）装复密封圈。

（4）把盖子和滤清器装到油池上后，将油池压到油泵上，再装上连接螺钉。

（5）将总泵及密封垫装到制动助力器上，并拧紧螺母。

项目二十四　检修起动机

一、起动机的拆卸方法

起动机需要从车上拆下时，首先要拆下蓄电池负极，然后拆下起动机连接线，最后拆下起动机固定螺栓，下面以丰田汽车为例介绍起动机的拆卸方法。

使用工具：开口扳手、套筒扳手。

注意事项：

（1）拆卸起动机连接线时，必须先断开蓄电池负极，以避免出现短路现象。

（2）如果起动机下端固定螺栓不方便拆卸，可将车辆举起拆卸。

步骤：

（1）关闭点火开关。打开发动机舱盖，取下发动机护板。

（2）拆下蓄电池负极。

（3）拆下起动机连接线。

（4）拆下起动机上面的固定螺栓。

（5）举起车辆。

（6）拆下起动机下面的固定螺栓。

（7）取下起动机。

二、起动机的分解和装配

起动机在使用过程中会出现运转无力、不能运转、拉空（不能啮合）异响等现象，如果需要检修，首先拆下起动机，然后进行分解、检查，典型起动机的分解图如图2-24-1所示。

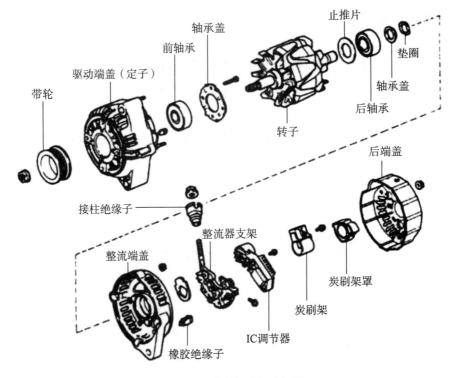

图 2-24-1 典型起动机分解图

注意事项：

分解时要注意电磁开关、定子和端盖的位置，必要时做上记号，防止装错。

取单向啮合器的限位卡簧时，先将挡垫圈与卡簧分开，然后取下卡簧和挡垫圈。

步骤：

（1）拆下起动机连接线。

（2）取下前端转子轴护盖和限位卡簧。

（3）拆下炭刷和端盖固定螺钉。

（4）取下炭刷和端盖。

（5）取下止推片。

（6）拆下电磁开关。

（7）拆下端盖固定螺钉。

（8）抽出转子和拨叉。

（9）退下卡簧座圈。

（10）取下卡簧。

（11）取下卡簧座圈。

（12）取下单向离合器。

三、起动机的检测方法

起动机的检测包括机械部分的检查和电气线圈的测量。

机械部分的检查内容包括单向离合器是否打滑、拉空、磨损，转子轴与轴承套之间的磨损，转子轴的轴向间隙。

步骤：

（1）检查单向啮合器。

（2）检查前后端轴承套间隙。

（3）检查拨叉。

四、起动机电器线圈的测量

步骤：

（1）测试吸引线圈（点火开关线到炭刷短接）（200 Ω 挡、0.8 Ω），如图 2-24-2 所示。

（2）测试保持线圈（点火开关线到电磁外壳搭铁）（200 Ω 挡、2.6 Ω），如图 2-24-3 所示。

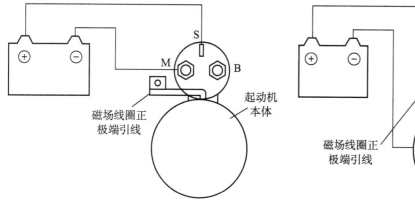
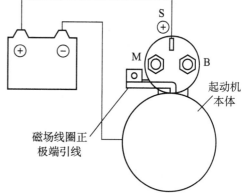

图 2-24-2　吸引线圈作用测试　　　　图 2-24-3　保持线圈作用测试

（3）测量转子绕组的断路和搭铁故障，如图 2-24-4 和图 2-24-5 所示。

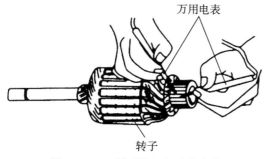
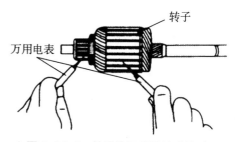

图 2-24-4　转子绕组断路故障检测　　　　图 2-24-5　转子绕组搭铁故障检测

（4）测量定子绕组的断路和搭铁故障（200 Ω 挡、0.5 Ω），如图 2-24-6 和图 2-24-7 所示。

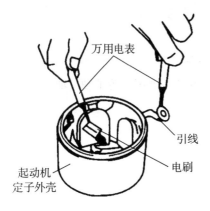

图 2-24-6　定子绕组断路故障检测

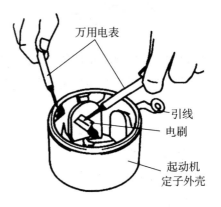

图 2-24-7　定子绕组搭铁故障检测

 五、起动机的控制电路

常见的起动机控制电路有点火开关直接控制电路、继电器控制电路和起动组合继电器控制电路三种，下面介绍点火开关直接控制电路。

点火开关直接控制是指起动机由点火开关或起动机按钮直接控制，常用于起动机功率较小的汽车（如捷达、奇瑞、比亚迪汽车）及其他微型轿车。

电路如下：蓄电池正极→起动机接线柱→起动机外壳→车架→蓄电池负极→点火开关→起动机→车架→蓄电池负极。

定子磁极的作用是产生磁场，它由磁极铁芯和固定在铁芯上的励磁绕组组成。为增大磁场强度，大多数起动机采用 4 个磁极。通过螺钉将磁极铁芯固定在电动机的外壳上。励磁绕组是采用矩形粗铜线绕制而成的。

电枢由电枢轴、电枢绕组、换向器及铁芯等组成，其作用是产生电磁转矩。

用百分表测量径向跳动量，最大允许径向跳动量 0.05 mm。

电刷与电刷架的作用是将电流引入电动机，使电枢产生定向转矩。电刷一般是用铜和石墨粉压制而成的，有利于减小电阻及增加耐磨性。电刷装在电刷架中，借弹簧压力压在换向器上。

电刷的标准长度为 15.5 mm，允许使用长度为 8.5 mm。

 六、起动机故障诊断与排除

（1）故障现象：将点火开关置于起动挡时，起动机不转。

故障原因：

① 蓄电池电量不足。

② 蓄电池连接线脱落、松动或接触不良。

③ 起动机连接线脱落或接触不良。

④ 起动机电磁开关损坏。

⑤ 点火开关导向故障。

⑥ 起动机继电器损坏或导线连接不良。

⑦ 起动机内部故障。

故障排除与维修（起动机不转），如表 2-24-1 所示。

表 2-24-1　故障排除与维修（一）

检查位置	检查内容
蓄电池	检查蓄电池容量
蓄电池连接线	检查蓄电池连接线是否松动、脱落、连接不良
起动机连接线	检查起动机连接线是否松动
起动机继电器	检查起动机继电器是否损坏，连接电路是否正常
离合器开关和挡位开关	检查离合器开关和挡位开关的连接线是否松动、脱落、损坏
点火开关及连接线	检查点火开关连接线是否断路，检查点火开关是否损坏

（2）故障现象：将点火开关拧到起动挡时，起动机旋转无力，起动发动机困难。

故障原因：

① 蓄电池电量不足。

② 蓄电池连接线接触不良。

③ 起动机电磁开关故障。

④ 起动机内部故障。

故障排除与维修如表 2-24-2 所示。

表 2-24-2　故障排除与维修（二）

检查位置	检查内容
蓄电池连接线	检查蓄电池容量，检查蓄电池连接线是否接触良好、松动
车架与发动机之间的连接线	检查蓄电池负极与车架、发动机之间的连接线是否良好
起动机连接线	检查起动机连接线是否松动或接触不良

（3）故障现象：点火开关拧到起动挡时，起动机空转，不能与发动机齿圈相啮合。

故障原因：

① 单向离合器损坏。

② 拨叉断裂或拨叉销脱落。

③ 减速齿轮磨损严重。

④ 齿圈磨损严重。

故障排除与维修如表 2-24-3 所示。

表 2-24-3　故障排除与维修（三）

检查位置	检查内容
起动机单向离合器	检查单向啮合器齿轮磨损是否严重，单向啮合器是否打滑造成空转
拨叉及拨叉销	分解起动机，检查拨叉是否断裂，拨叉销是否脱落
衬套轴承	检查衬套轴承磨损是否严重，造成单向离合器小齿轮不能与发动机飞轮相啮合
起动机减速齿轮	检查减速齿轮磨损情况
发动机飞轮齿圈	检查飞轮齿圈磨损情况

项目二十五　检修发电机

一、发电机拆解方法

将发电机从车辆上拆下时，首先要拆下蓄电池负极，然后拆下发电机的连接导线，松开发电机皮带拉紧螺栓或松开张紧轮取下皮带，拆下发电机底部固定螺栓，最后取下发电机（以丰田发电机为例）。

注意事项：发电机输出端与蓄电池正极相连接，拆卸时，如果不断开蓄电池负极，容易出现短路现象。

步骤：

（1）关闭点火开关。打开发动机舱盖，取下发动机护板。

（2）拆下蓄电池负极。

（3）拆下发电机连接线。

（4）松开发电机支架固定螺栓。

（5）松开发电机底部固定螺栓。

（6）松开皮带拉紧螺栓。

（7）取下皮带。

（8）取下发电机。

二、发电机的分解和装配方法

1. 分解步骤

用螺钉旋具拆下防护罩→拆下电刷架及调节器→拆下整流器→取下绝缘垫片→拆下前后端固

定螺母→拆下皮带轮固定螺母→取下皮带轮→拆下后端盖→抽出转子→取出定子总成。

注意事项：发电机属于精密部件，拆卸时不能用铁锤用力敲打，以免造成变形或损坏，可用皮锤或木柄轻轻敲击。

2. 装配步骤

发电机的组装步骤与分解相反，即最后分解的首先安装，首先分解的最后安装。

注意事项：部件确定安装正确后再进行紧固，不能漏装绝缘垫片，否则会出现短路现象，从而烧坏发电机。

三、发电机的检修方法

1. 定子三相绕组的测量

将数字万用表旋钮调至"200 Ω"挡，用两只表笔分别测量定子三相或四相绕组之间的电阻，如果电阻值为 0.5～1 Ω 则正常，如果万用表显示"1"（无穷大）则说明三相绕组之间出现了断路故障。

将万用表旋钮调至"20 kΩ"挡，用任一只表笔测绕组，用另一只表笔测铁芯。如果万用表显示"1"则正常，如果万用表显示电阻数值说明三相绕组与铁芯之间有短路现象。

2. 转子的测量

将万用表旋钮调至"200Ω"挡，用两只表笔分别测量两只转子的集电环，如果电阻值为 2～6 Ω 则正常。

将万用表旋钮调至"20 mΩ"挡，用任一只表笔测转子集电环，用另一只表笔测转子铁芯，如果万用表显示"1"则正常，如果万用表显示电阻数值则说明三相绕组与铁芯之间有短路现象。

3. 正二极管的测量

将万用表旋钮调至"二极管挡"，测量 3 只正二极管。黑表笔测二极管外壳，红表笔测二极管引线，如果万用表显示数值，说明二极管正向导通，导通所需要的电压分别为 0.451 V、0.440 V；黑表笔测二极管引线，红表笔测二极管外壳时，如果万用表显示为"1"，说明二极管反向截止正常。

4. 负二极管的测量

将万用表旋钮调至"二极管挡"，测量 3 只负二极管，黑表笔测二极管引线，红表笔测二极管外壳，如果万用表显示数值，说明二极管负向导通，导通所需要的电压分别为 0.450 V、0.451 V；红表笔测二极管引线，黑表笔测二极管外壳时，如果万用表显示"1"，说明二极管反向截止正常。

5. 电刷的测量

用万用表"200 Ω"挡测量电刷与接柱之间的电阻，应不大于 1 Ω，如果电阻值过大应检查连接情况。

电刷的长度为 15.5 mm ~ 10.5 mm；

极限长度为 8.5 ~ 4.5 mm。

转子的作用是产生磁场。转子由爪极、磁轭、励磁绕组、集电环、转子轴等组成，其结构如图 2-25-1 所示。

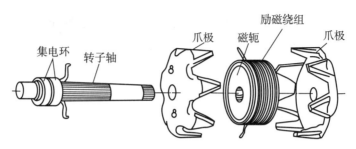

图 2-25-1　转子的组成

转子轴上压装着两块爪极，爪极被加工成鸟嘴形状，爪极空腔内装有励磁绕组和磁轭。

集电环由两个彼此绝缘的铜环组成，压装在转子轴上并与轴绝缘，两个集电环分别与励磁绕组的两端相连。

当给两个集电环通入直流电时，励磁绕组中有电流通过，并产生轴向磁通，使一块爪极被磁化为 N 极，另一块爪极被磁化为 S 极，从而形成 6 对（或 8 对）相互交错的磁极。

当转子转动时，就形成了旋转的磁场。

定子也称电枢，它的作用是产生交流电，由定子铁芯和定子绕组（线圈）组成，如图 2-25-2 所示。

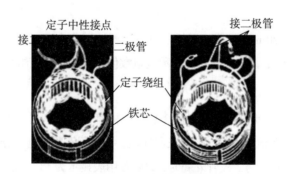

图 2-25-2　定子的组成

定子安装在转子的外面，和发电机的前后端盖固定在一起，当转子在其内部转动时，引起定子绕组中磁通的变化，定子绕组中就产生交变的感应电动势。

定子铁芯由内圈带槽、互相绝缘的硅钢片叠成。

定子绕组有 3 组线圈，对称地嵌放在定子铁芯槽中。三相绕组的连接有星形接法和三角形接法两种，如图 2-25-3 所示，都能产生三相交流电。

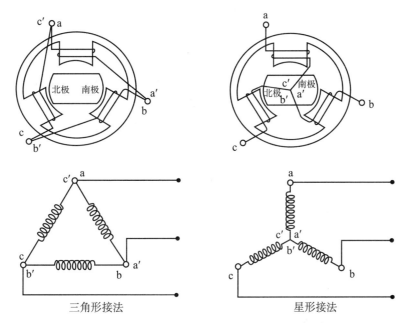

图 2-25-3 定子绕组的星形接法和三角形接法

整流器的作用是将定子绕组的三相交流电变为直流电。

整流器由整流板和整流二极管组成，6 管交流发电机的整流器是由 6 只硅整流二极管分别压装（或焊装）在相互绝缘的两块板上组成的，其中一块为正极板（带有输出端螺栓），另一块为负极板，负极板和发电机外壳直接相连（搭铁），也可以将发电机的后盖直接作为负极板。

电刷的作用是将电源通过集电环引入励磁绕组。两个电刷分别装在电刷架的孔内，借助弹簧压力与集电环保持接触。

电刷和集电环的接触应良好，否则会因为磁场电流过小，导致发电机发电不足。

6. 集电环及转子轴的检修

检查集电环表面有无裂痕和烧蚀现象：如果损伤轻微，可用砂布打磨光洁；如果出现沟槽，但集电环的厚度不小于 2 mm，可装在车床上进行精磨，然后用砂布打磨光洁；如果损伤严重，应换装新集电环或更换转子总成。

若转子轴弯曲变形，可装在车床或放在 V 形块上，用百分表检查其径向跳动，跳动量应不大于 0.1 mm，否则，转子轴应放在压力机上矫直；当弯曲较大不能矫直时，应更换转子总成。

7. 电刷组件的检修

检查电刷架有无破损、裂纹，电刷在电刷架内是否活动自如，如有破损、裂纹或电刷在电刷架内运转受阻，应更换电刷架。

检查电刷弹簧是否变形、折断或老化失去弹性，如果弹簧折断或严重变形，应更换。

装复前，应将合格轴承填充润滑脂，其填充量不宜过多，为轴承空间的 2/3 较合适。交流发电机装复的主要步骤如下。

第二部分 汽车检修

① 将转子和前端盖、定子与后端盖分别装合。

② 连接整流器二极管与定子绕组。

③ 将电刷和弹簧装入电刷架内，用直径为 1 mm 左右的钢丝插入后端盖和电刷架的小孔中挡住电刷，将两端盖装合在一起，并拧上对销螺钉，抽出钢丝，使电刷压在集电环上。装复时，注意不要将轴上的定位圈装反，否则，会改变转子和定子的相对位置而影响发电。

电压调节器是把发电机输出电压控制在规定范围内的装置，其功用是在发电机转速变化时，自动控制发电机电压保持恒定，使其不因发电机转速高时电压过高烧坏用电器和导致蓄电池过充电，也不会因发电机转速低而电压不足导致用电器工作失常。

 四、发电机故障诊断与维修

1. 发电机不发电

（1）故障原因：

① 发电机传动带松动、脱落或断裂。

② 发电机连接线接触不良或短路。

③ 发电机调节器损坏。

④ 发电机内部故障。

（2）故障现象：

蓄电池亏电严重，充电指示灯常亮。

（3）故障排除检查内容如下：

发电机皮带：发电机皮带是否松动、脱落、断裂。

发电机连接线：

① 不起动车，用万用表测量发电机 B 端与搭铁之间电压，应为 12～14 V。若不正常，则更换保险丝，修复导线断路。

② 发电机连接线是否连接不良或脱落。

③ 拔下发电机连接线插头，打开点火开关，用万用表电压挡测量发电机 IG 与搭铁之间电压，应为 12～14 V。若不正常，则更换保险丝，检修点火开关与 IG 之间导线。

④ 万用表电阻挡测量 E 与搭铁之间电阻应小于 1 Ω。若正常，则应检查连接导线。

发电机调节器及电刷：拆下发电机电刷，检查磨损长度、弹簧压力及调节器的安装。若不正常，则更换电刷或调节器总成。

发电机内部：拆下并分解发电机，转子线圈、集电环、定子线圈、整流器二极管是否短路、断路。若不正常，则检修或更换发电机。

2. 发电机发电量过大

（1）故障原因：

① 发电机连接线短路。

② 发电机调节器损坏、失控。

③ 发电机内部短路，如励磁二极管与 B 端之间短路。

（2）故障现象：

发电机过热、蓄电池电解液消耗过快，经常出现烧坏用电设备现象。

（3）故障排除：

① 蓄电池电压正常的情况下，检查发电机输出电压。

使发动机中速运转，用万用表测量发电机 B 端与搭铁之间的电压，如果输出电压高于 14.8V，说明发电机控制电路出了问题。

② 调节器及连接电路：检查调节器是否损坏。

项目二十六　检修点火系统

一、现代汽车点火系统的控制类型

目前汽车的点火系统基本采用微型控制点火系统，微机控制点火系统根据高压配电方式可分为有分电器和无分电器两种类型。

有分电器点火系统指仍保留分电器的微机控制点火系统。有分电器点火系统与普通电子点火系统相似（也有分电器、点火线圈、高压线、点火控制器），所不同的是增加了计算机和部分相关的传感器。有分电器微机控制系统在老款车上还能看得到，由于配电存在耗能和容易出现故障，现在逐渐被淘汰。

无分电器点火系统又称"直接点火系统"，是指点火线圈由微机控制直接给火花塞点火的控制系统，现代轿车大多采用无分电器点火系统。

无分电器点火系统按点火方式又分为同时点火和单独点火两种方式。

二、火花塞的拆装

拆卸步骤：

（1）用压缩空气吹走火花塞座处的灰尘。

（2）拆下火花塞，确保垫圈也一起被拆下。

在安装火花塞时必须做到以下几点。

（1）用干净的布擦掉火花塞座处的灰尘与润滑脂。

（2）如果继续使用原来的火花塞，则要安装一个新的衬垫。

（3）间隙不合适时，要调整火花塞间隙。

（4）安装火花塞并用手拧紧，再使用扭力扳手拧紧火花塞，力矩大小符合厂家说明书的具体要求。

三、火花塞、高压线的检查与更换

汽油发电机在长时间工作过程中容易出现怠速抖动和加速不良等现象，出现在火花塞和高压线方面的故障较多。

1. 火花塞的检查与更换

拆下火花塞检查积炭是否严重、是否有漏气现象，电极间隙（0.7～1 mm）是否正常，必要时进行清洁或更换。

常见的拆卸火花塞套筒型号有 14 mm、16 mm、21 mm 这三种。

注意事项：

更换的火花塞型号和热值与原车相同，避免出现积炭或炽热点火现象。

步骤：

（1）拆发动机护罩或进气歧管。

（2）拆下点火线圈或拔下高压线，清洗火花塞外围。

（3）拆下火花塞。

（4）检查或更换火花塞。

2. 高压线的检查与更换

高压线经常出现的故障是漏电和内部断路，出现故障时，发动机会出现怠速不稳、抖动、加速不良等现象。

起动发动机怠速运转，逐缸拔下高压线进行吊火试验（高压线与火花塞保持 5mm 左右距离跳火），观察高压线与缸体间是否有漏电现象，也可以用万用表测量高压线两端，检查是否断路，电阻值为 1.5～3 kΩ。

当需要更换高压线时，要记住点火顺序（1、3、4、2，1、5、3、6、2、4）。

四、单独式点火线圈的检查与更换

（1）单独式点火线圈出现故障时，会造成单缸不工作或工作不正常，现象为怠速抖动、动力不足、加速不良等。

检查方法：可拆下火花塞观察电极处燃烧情况以判断是哪一个气缸不正常，燃烧不正常的火花塞电极处会有油污或发黑。确定哪一个气缸不工作后通过互换点火线圈或断开点火线圈连接线的方法来判断点火线圈的性能，同时检查点火线圈连接线是否存在断路现象。

点火线圈的控制信号线与 ECU 电脑之间应无断路或短路现象。

（2）同时点火式点火线圈出现故障时，会造成 2 个或 4 个缸工作（以四缸为例）不工作或工作不正常，现象为发动机不能起动或起动困难、怠速熄火、加速不良等。

检查方法：可用万用表 20Ω 挡测量点火线圈高压端电阻，分别测量 1—4 缸和 2—3 缸之间电阻，如果电阻值无穷大，说明点火线圈次级绕组断路，应更换点火线圈。更换时将高压线和连接插头拔下，拆下点火线圈固定螺钉即可更换。如果点火线圈没有故障，应检查点火线圈的连接线与计算机之间是否存在断路现象。

注意事项：气缸线安装要正确，1-4 缸用一个点火线圈，2-3 缸用一个点火线圈，如果安装错误会造成发动机出现回火、放炮、不能正常起动等现象。

项目二十七　检测电子控制点火系统

一、曲轴位置传感器的检测

1. 检测、调整信号转子凸轮与传感器铁芯间隙

对于磁铁式（磁脉冲式）传感器来说，其信号转子凸轮与传感器铁芯之间的空气间隙因发动机的类型不同而有所差异，一般为 0.2 ~ 0.4 mm。检查时，可用塑料厚薄规进行测量，如图 2-27-1 所示。

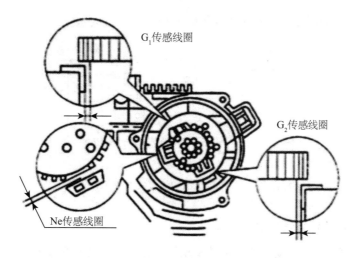

图 2-27-1　检测曲轴位置传感器信号发生器气隙

2. 检测传感器感应线圈的电阻值

检测传感器感应线圈的电阻值,应该把线圈从线束插接器上拆下来,如图 2-27-2 所示。用万用表电阻挡在接线插座上测量曲轴位置传感器各感应线圈的电阻,测量电阻应符合表 2-27-1 所示。不同车型其传感器的电阻值可能不同。

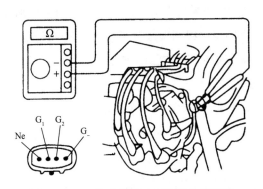

图 2-27-2　传感器感应线圈的电阻测量

表 2-27-1　曲轴位置传感器的电阻值（Ω）

机型	端子	条件	电阻
1VZ-FE	G_1-G	冷态	194
		热态	266
	G_2-G	冷态	193
		热态	274
	Ne-G	冷态	195
		热态	271

3. 检测供电电压

霍尔式曲轴位置传感器的工作电路如图 2-27-3 所示。

将点火开关置于 ON 位置,用万用电表电压挡测量曲轴位置传感器插座的 1 号端子与 3 号端子、2 号端子与 3 号端子之间的电压,电压值均应大于 9 V。

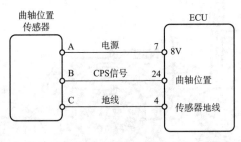

图 2-27-3　霍尔式曲轴位置传感器工作电路

4. 检测霍尔式曲轴位置传感器的性能

将喷油器的线束拔下,起动发动机带动发动机运转,用示波器测量 2 号端子与 3 号端子之间应有如图 2-27-4 所示的电脉冲。

项目二十七　检测电子控制点火系统

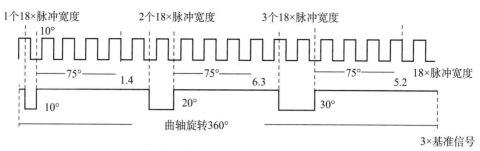

图 2-27-4　霍尔式曲轴位置传感器输出信号（GM 公司）

二、点火线圈的检测

拔开点火线圈的连接线，用电压表电阻挡检测点火线圈的电阻，在冷态时，初级线圈电阻为 0.2～0.55 Ω，次级线圈电阻为 6～15.4 kΩ。

三、点火器的检测

以 3VZ-FE 发动机点火器为例，点火器的工作电路如图 2-27-5 所示。

（1）将点火开关置于 ON 位置，用万用表电压挡测量 +B→E_1（电池负极）、G→E_1 之间应有约 12V 的电压，否则，应检查相应的线路。另外，点火器本身搭铁要良好。

（2）将喷油器的线束拔下，起动发动机，用示波器测量 IGT→E_1、IGF→E_1 间应有如图 2-27-6 所示的电脉冲。如果 IGT→E_1 间没有电脉冲，说明发动机的 ECU 或 ECU 到点火器的线路有问题，应检查 ECU；如果 IGT→E_1 间有电脉冲，而 IGF→E_1 间没有电脉冲，说明点火器有问题，应更换新件。

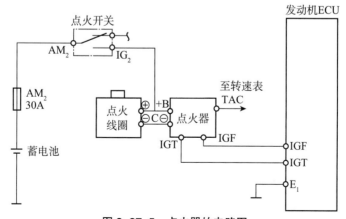

图 2-27-5　点火器的电路图

107

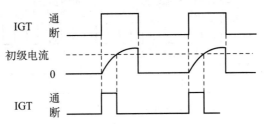

图 2-27-6　点火性能检查的标准电脉冲

（3）将喷油器的线束拔下，起动发动机，用示波器测量 C→E_1 之间应有电脉冲，如图 2-27-6 所示。脉冲的高电压约为 12 V，低电压接近零；否则，说明点火器有问题，应更换新件。

第三部分　汽车故障诊断与排除

项目一　诊断与排除汽油机怠速不稳的故障

一、冷、热车怠速不稳或熄火

1. 故障现象

发动机起动正常，但不论冷车或热车，怠速均不稳定，怠速转速过低，易熄火。

2. 故障原因

（1）进气系统或真空系统漏气。

（2）空气滤清器堵塞。

（3）怠速控制阀或附加空气阀工作不良。

（4）空气流量计有故障。

（5）EGR 阀卡住常开，不能关闭。

（6）怠速调整不当。

（7）油路压力太低。

（8）喷油器雾化不良、漏油或堵塞。

（9）火花塞不良。

（10）高压线漏电或断路。

（11）点火正时失准。

（12）气缸压缩压力过低。

3. 故障诊断与排除

（1）先进行故障自诊断，检查有无故障码出现。如有故障码，则按所显示的故障码查找故障原因。要特别注意影响怠速工作的传感器、执行器（如冷却液温度传感器、节气门位置传感器、怠速控制阀等）有无故障。

（2）检查进气系统各管接头、各真空软管、废气再循环系统和燃油蒸汽回收系统有无漏气。

（3）检查怠速控制阀的工作是否正常。对于脉冲电磁阀式怠速控制阀，可在发动机运转过程

第三部分　汽车故障诊断与排除

中拔下怠速控制阀接线插头。如果发动机转速无变化，说明怠速控制阀或控制电路有故障，应检修电路或更换怠速控制阀。

（4）怠速时逐个拔下各缸高压线，检查发动机转速的下降量是否相等。如果在拔下某缸高压线时，发动机转速基本不变，说明该缸工作不良或不工作，应检查该缸火花塞或喷油器有无故障，喷油器控制电路有无短路。

（5）检查高压火花。如火花太弱，则应检查点火系统。

（6）拆检各缸火花塞，检查电极有无磨损过甚或积炭，火花塞电极间隙是否正常。

（7）检查各缸高压线，如高压线外表有漏点或击穿的痕迹，或用万用表测量高压线，其电阻大于 $25\ k\Omega$，说明高压线损坏，应更换。

（8）检查燃油压力。怠速时燃油压力应为 $250\ kPa$ 左右。如燃油压力太低，则应检查油压调节器、电动燃油泵、燃油滤清器。

（9）按规定的程序，调整发动机怠速。

（10）检查空气流量计。

（11）仔细听各缸喷油器在怠速时的工作声音。如果各缸喷油器工作声音不均匀，说明各缸喷油器喷油不均匀，应拆检、清洗或更换喷油器。

（12）检查气缸压缩压力，如压力低于 $0.8\ MPa$，则应拆检发动机。

（13）检查、调整气门间隙。

如上述检查均正常，可拆检、清洗各缸喷油器。如发现某个喷油器雾化不良或有漏油，经清洗后仍不能恢复正常，则应更换该喷油器。最后检查发动机。

 二、冷车怠速不稳或易熄火

1. 故障现象

发动机冷车运转时怠速不稳或过低，易熄火，热车后怠速恢复正常。

2. 故障原因

（1）附加空气阀故障。

（2）怠速控制阀故障。

（3）冷却液温度传感器故障。

（4）喷油器雾化不良或堵塞。

3. 故障诊断与排除

（1）进行故障自诊断，检查有无故障码。如有故障的则按显示的故障码查找故障原因和故障部位。

（2）检查附加空气阀。拆下附加空气阀，检查在冷车状态下附加空气阀的阀门是否开启。如有异常，则应更换。

项目一　诊断与排除汽油机怠速不稳的故障

（3）检查怠速控制阀装置。熄火后拔下怠速控制阀线束插头，待发动机起动后再插上。如果发动机转速没有变化，说明怠速控制阀不工作，应检查控制电路或拆检怠速控制阀。

（4）测量冷却液温度传感器。

（5）拆检、清洗各缸喷油器，检查清洗后的喷油器工作情况，如有雾化不良、漏油或喷油量不符合标准，则应更换。

三、热车怠速不稳或熄火

1. 故障现象

发动机冷车时怠速正常，热车后怠速不稳，怠速转速过低或熄火。

2. 故障原因

（1）怠速调整过低。

（2）冷却液温度传感器故障。

（3）怠速控制阀故障。

（4）火花塞或高压线不良。

（5）电脑搭铁不良。

（6）氧传感器故障或失效。

3. 故障诊断与排除

（1）进行故障自诊断，检查有无故障码。如有故障码，则按所显示的故障码查找故障原因和故障部位。

（2）按正确的程序，检查发动机的初始怠速转速。若转速过低，则应按规定程序调整。

（3）检查冷却液温度传感器。

（4）检查怠速控制阀是否工作。

（5）检查各缸火花塞情况，视情况更换火花塞或调整火花塞间隙。

（6）测量各缸高压线电阻，若阻值大于 25 kΩ，或高压线外表有漏点或击穿的痕迹，则应更换高压线。

（7）检查电脑搭铁线及发动机机体是否搭铁良好。可在打开点火开关后，测量电脑搭铁线（或故障诊断座内搭铁线、发动机机体）和蓄电池负极之间的电压。若该电压大于1V，说明电脑搭铁线或发动机搭铁不良。可检查搭铁线的接地端有无松动或锈蚀，也可重新引一条搭铁线。

四、热车怠速过高

1. 故障现象

发动机冷车时能正常快怠速运转，但热车后仍保持快怠速，导致怠速转速过高。

2. 故障原因

（1）节气门卡滞或关闭不严。

（2）怠速调整不当。

（3）附加空气阀故障。

（4）怠速控制阀卡滞或控制电路故障。

（5）冷却液温度传感器故障。

（6）空调开关、动力转向器压力开关故障。

（7）曲轴箱强制通风阀故障。

（8）进气系统中有漏气。

（9）发电机充电电压过高。

3. 故障诊断与排除

怠速转速过高是由怠速时进气量过多或发动机控制信号错误引起的。造成怠速转速过高的原因有进气温度传感器、冷却液温度传感器、节气门位置传感器、空气流量计/进气压力传感器故障，开关信号故障，怠速控制阀故障，节气门体故障，喷油器故障，真空漏气，发动机控制单元故障或匹配设定不当等。排除发动机怠速异常过高的故障时，应执行以下步骤。

（1）检查怠速时节气门是否全关闭，节气门拉索无卡滞。用手将节气门摇臂朝关闭的方向扳动，如果发动机怠速能下降至正常转速，说明节气门卡滞关闭不严。若节气门拉索卡滞，应更换拉索；若节气门轴卡滞，应拆卸、清洗节气门体。

（2）按该发动机的规定程序，重新调整怠速，对发动机电脑重新设定。对发动机电脑进行重新设定，即清除发动机电脑中的故障记忆，让其重新学习怠速。对于大多数电控发动机，当发动机达到正常温度，怠速阀全关时，基本怠速转速设为（500±50）r/min。如调整、设定无效，则应做进一步检查。

（3）检查进气系统管接头、真空软管等处有无漏气。

（4）进行故障自诊断。如有故障码，则按所显示的故障码查找故障原因。有条件的可进一步读取动态数据流，主要观察发动机的负荷信号、怠速控制阀开度或控制步数、发动机进气系统压力信号、冷却液温度信号、各开关信号等。

（5）检查冷却液温度传感器。若拔掉冷却液温度传感器线束插头后，发动机怠速转速恢复正常，则说明冷却液温度传感器故障，向电脑输入过低的冷却液信号。值得注意的是，在拔掉冷却液温度传感器插头后，发动机故障警告灯会亮起，此时电脑的失效保护功能起作用，自动将冷却液温度设定为 80 ℃。在重新插上冷却液温度传感器线束插头后，电脑仍可能留下冷却液温度传感器的故障码。对此，可接上电脑检测仪将故障码清除，或在发动机熄火后拆下发动机电脑熔丝，持续约 30 s，以消除电脑中的故障码。

（6）用钳子将包上软布的曲轴箱强制通风阀软管夹紧。如果发动机转速随之下降，则说明曲轴箱强制通风阀在怠速时漏气，使发动机进气量过大，影响怠速，应更换曲轴箱强制通风阀。

（7）检查附加空气阀。用钳子将包上软布的附加空气阀进气软管夹紧。如果发动机怠速转速能随之下降至正常转速，则说明附加空气阀在热车后不能关闭，应检查附加空气阀电源线路是否正常。如正常，则应更换附加空气阀。

（8）检查怠速控制阀。在发动机熄火后拔下怠速控制阀线束插头，待起动后再插上。如果发动机转速随之变化，说明怠速控制阀工作正常；否则，应检查控制线路或更换怠速控制阀。

（9）在打开空调开关后或转动转向盘时，如果发动机转速没有进一步升高，说明怠速自动控制系统有故障，应检查空调开关、动力转向压力开关及怠速自动控制线路。

（10）如果蓄电池电压长时间过低，发动机怠速转速也会偏高，所以应测量发电机充电电压，若低于12V，应检修充电系统。

五、怠速上下波动

1. 故障现象

怠速时发动机转速不断地上下波动。

2. 故障原因

（1）怠速开关（节气门位置传感器）调整不当，在怠速时不闭合。

（2）喷油器雾化不良或堵塞。

（3）空气流量计故障。

（4）怠速控制阀或怠速控制电路故障。

（5）冷却液温度传感器信号不正确。

（6）氧传感器失效或反馈控制电路故障。

3. 故障诊断与排除

（1）进行故障自诊断。要特别注意有无怠速开关、冷却液温度传感器、空气流量计、氧传感器、怠速控制阀的故障码。如有故障码，应检查相应的传感器及控制电路。

（2）怠速时逐个拔下各缸高压线或喷油器线束插头，检查发动机各缸工作是否均匀。如果拔下某缸高压线或喷油器线束插头时，发动机转速下降不明显，说明该缸工作不良，应拆检该缸火花塞和喷油器。

（3）检测节气门位置传感器，若节气门位置传感器内的怠速开关在节气门全关时不能闭合，应重新调整或更换节气门位置传感器。

（4）用汽车电脑检测仪，测量冷却液温度传感器，若冷却液温度传感器传给发动机电脑的冷却液温度数值与实际冷却液温度不符，说明冷却液温度传感器有故障，应更换。

（5）用电脑检测仪或万用表、示波器检查空气流量计，如有异常则应更换。

（6）在发动机怠速运转过程中，拔下怠速阀线束插头。如果怠速上下波动现象消失，但怠速不稳现象随之加剧,说明怠速控制阀工作正常,喷油系统有故障。如果怠速波动现象不变,则说明怠速控制阀工作不良或不工作。对此,应检查怠速控制阀线束插头处有无脉冲电信号,若无脉冲电信号,则说明怠速控制阀卡住,应拆检怠速控制阀或更换怠速控制阀。

造成怠速上下波动、喘车的故障原因基本与怠速抖动不稳的故障原因相同,但怠速控制阀故障、真空漏气、点火正时不正确和废气再循环阀在怠速时不能关闭是发动机怠速喘车的主要原因。

六、使用空调或转向时怠速不稳或熄火

1. 故障现象

在发动机怠速运转时使用空调,或汽车转向时怠速过低、不稳,甚至熄火,关闭空调或汽车直行时怠速运转正常。

2. 故障原因

(1)发动机初始怠速调整过低,使怠速自动控制无法正常进行。

(2)怠速控制阀不工作或工作不良,在使用空调或汽车转向时,由于空调压缩机或动力转向液压泵开始工作,增大了发动机负荷,导致怠速过低、运转不稳或熄火。

(3)空调开关或转向压力开关及其控制线路故障,使电脑得不到使用空调器和汽车转向的信号,没有进行怠速自动控制,导致怠速过低。

3. 故障诊断与排除

怠速转速与发动机温度、负荷有关,冷车时怠速高,热车时怠速低。怠速时接通空调开关,进行转向(动力转向开关接通),变速杆从P位或N位挂入D位,怠速必须提速。如果怠速太低或上述开关接通时怠速下降,造成怠速不稳甚至熄火,则说明怠速控制系统有故障。

(1)进行故障自诊断。有些车型的电脑能检测出怠速控制阀的工作状态。当怠速控制阀工作不正常(如线路短路或断路)时,电脑会显示一个故障码。也可以通过电脑解码器来检测怠速控制阀的工作状态,在汽车运转过程中可通过电脑检测仪的数据分析功能检查怠速控制阀和空调开关或动力转向压力开关的工作情况。如检测仪显示有电脑指令而怠速控制阀没有相应的反应,则说明怠速控制阀或控制线路有故障。在打开空调开关或转动转向盘时,检测仪所显示的空调开关或动力转向压力开关应由关闭(OFF)状态变为开启(ON)状态;如无此变化,说明电脑或空调开关、动力转向液压开关有故障。

(2)按规定的程序重新检查、调整发动机的初始怠速。

(3)检查怠速控制阀工作是否正常。对于脉冲电磁阀式怠速控制阀,可在冷车运转中拔下怠速控制阀线束插头,若发动机转速没有变化,则说明怠速控制阀不工作。对于步进电动机式怠速控制阀,应在发动机熄火后拔下线束插头,待发动机起动后再插上。若此时发动机转速无变化,则说明怠速控制阀不工作,应进一步检查线束插头处有无脉冲电压。如无脉冲电压,应检查控制

线路；如有脉冲电压，则说明怠速控制阀有故障，应更换。

（4）检查空调开关、转向压力开关有无故障，它们与电脑的连接线路有无断路或短路。

七、故障诊断、排除的相关要点

1. 深刻理解电控发动机怠速控制原理

在搭载了电控发动机的汽车上，发动机电脑能够对发动机的各种工况进行精确控制。对于发动机怠速工况的控制，一般可分为基本怠速设置、目标怠速调节及附件工作怠速调整。下面分别对这3种控制进行说明。

（1）基本怠速设置。发动机的基本怠速设置主要是由发动机节气门的初始开度决定的，即进入进气歧管内的总空气量由节气门初始怠速开度决定。这个开度值是在设计发动机时计算出来的，也是保证发动机实现正常怠速的前提。但随着车辆的使用，发动机节气门处会出现不同程度的污物，当污物增加后，发动机的进气量就会下降，从而也会导致怠速转速下降。

（2）目标怠速调节。发动机的目标怠速调节功能是通过发动机电脑的控制来实现的。发动机电脑通过对怠速控制阀开度的大小进行调节（有些车型直接调节节气门开度），达到目标怠速转速。当节气门开度变小或节气门处的污物增加时，实际进入进气歧管内的总空气量变小，将导致电脑内设定的转速值高于实际转速。此时电脑将控制怠速阀开启，以补充空气量，使怠速升高至发动机电脑设定的目标转速。当实际转速高于目标转速值时，电脑又会通过怠速阀开度的减小，降低发动机的实际转速至目标转速。

（3）附件工作怠速调整。当发动机怠速工况被增加负荷时，如打开空调、发动机充电、挂挡滑行等，发动机电脑将通过调节怠速控制阀的开度，以适应怠速负荷的变化，防止发动机熄火。

2. 怠速不稳、发抖的常见原因——缺火

（1）查找气缸缺火的传统方法。

恒定的气缸缺火是很容易查找的，这就是所谓的"排气突突机器抖，缸不工作是常有"。用传统的断火试验就可找出不工作的气缸。在无分电器点火系统中，安全断火，点火线圈高压插孔露在外面的，可事先（发动机熄火状态下）用回形针或类似金属丝卡在点火线圈高压线插孔上，再插上高压线，回形针有一部分露出在外，用一条导线一端搭铁，另一端去靠近回形针露出部分，以检查气缸的工作情况。对于各缸独立点火的无分电器点火系统，可断开点火线圈低压插头来检查，也可断开各缸喷油器插头来检查气缸工况。在断缸试验的瞬间，发动机转速应下降，各缸引起的转速应大体相同，如断开某缸，转速下降明显低于其他缸，则表明这个缸工作不良。

值得注意的是，在断火或断油试验时，发动机通常处于怠速状态，当试验中发动机转速下降时，怠速控制系统会立即使怠速控制阀动作，转速恢复到目标转速值。试验时还应注意，断火时间要尽量短，以免使三元催化转化器过热，而且现在大多数发动机都具有缺火监测功能，即发现缺火过度，会断开该缸的喷油器电路。此时即使重新恢复该缸点火，这个气缸也不工作，因为这个缸

的喷油器已不喷油了。基于这种情况，最好采用专用诊断仪的执行器动态测试功能来做这一个试验，由维修操作人员发出断开某缸喷油器的指令，观察单缸的转降，从而检查各缸工作情况。

除用上述的断火或断油的方法查找工作不良的缸外，还可以用红外线测温仪在发动机刚起动不久后测量各缸的排气歧管的温度差异。

（2）自诊断系统对气缸缺火的监控。

不同车系中，对点火系统工作情况的监控方式不同。OBD-Ⅱ诊断系统能够对发动机缺火进行连续、精确的监控，这主要是由发动机电脑的缺火监控器来完成。

3. 真空泄漏检查

对于真空泄漏，最直接的检查方法是使发动机处于怠速状态下，在进气歧管附近被怀疑漏气的地方喷化油器清洗剂，观察发动机转速有无变化，如果转速改变则说明存在漏气，应作进一步检查。当出现真空泄漏时，所有真空管、进气歧管垫、进气歧管本身、喷油器安装处的密封胶圈等都是检查的对象。

怠速不稳检查歌诀（仅供参考）。

　　　　　　　　　排气突突机器抖，缸不工作是常有。
　　　　　　　　　断火断油试验证，查完点火查喷油。
　　　　　　　　　真空漏气管插错，一一检查莫放过。
　　　　　　　　　点火正时不准确，废弃循环乱工作。
　　　　　　　　　节气门体怠速阀，清洗调整设定它。
　　　　　　　　　油气配比有恰当，过浓过稀均不好。
　　　　　　　　　看看有无调节器，闭环工作好不好。
　　　　　　　　　故障码来数据流，尾气测量细分析。
　　　　　　　　　气缸压力若过低，气门缸垫活塞环。
　　　　　　　　　配气正时记号错，气门间隙小和无。
　　　　　　　　　弹簧过软积炭多，气门发卡回位慢。
　　　　　　　　　可变配气正时阀，机油过脏可发卡。
　　　　　　　　　平衡轴来机角垫，检查校对视情换。

怠速过高检查歌诀（仅供参考）。

　　　　　　　　　怠速过高怎么查？混合气量进缸多。
　　　　　　　　　进气通道有哪些？节气门来进气阀。
　　　　　　　　　旁通气道附加阀，转向提速空气阀。
　　　　　　　　　缸体通风单向阀，进气歧管真空漏。
　　　　　　　　　节气门开不回位，怠速马达已发卡。
　　　　　　　　　控制线路仔细查，清洗调整与设定。
　　　　　　　　　水温控制快怠速，水道堵塞水温低。

开关信号电负荷,空调挡位与转向。

点火偏转要调整,充电不足电压低。

学习程序严执行,更换电脑试一试。

项目二　诊断与排除汽油机加速时回火的故障

加速不良即发动机加不上油,引起加速不良的主要原因有4个方面,分别是供给系统故障、点火系统故障、机械故障和控制系统故障。

一、发动机加速不良故障

1. 故障现象

踩下加速踏板后发动机转速不能马上升高,有迟滞现象,加速反应迟缓,或在加速过程中发动机转速有轻微的波动,或出现"回火""放炮"现象。

2. 故障原因

加速不良的原因主要是空燃比不当,点火性能和密封性能变差。

(1)混合气过稀,燃油泵油压低,喷油器、燃油滤清器、进气歧管真空泄漏等。

(2)节气门位置传感器或空气流量计、进气歧管绝对压力传感器故障。

(3)点火提前角不正确。

(4)火花塞或高压线不良、高压火花弱。

(5)废气再循环系统工作不良。

(6)排气管有堵塞现象。

二、故障诊断与排除

(1)进行故障自诊断,检查有无故障码。空气流量计、节气门位置传感器等故障都会影响发动机的加速性能。有专用诊断仪的还需要观察动态数据流,按故障码和动态数据查找故障原因。

(2)检查点火正时。怠速时点火提前角通常为10°~15°,或符合维修手册规定。如不正确,应调整发动机的初始点火提前角。加速时点火提前角应能自动加大到20°~30°。如有异常,应检查点火控制系统。

(3)测量各缸高压线电阻并拆检各缸火花塞。若电阻大于25 kΩ,或高压线外表面有漏电痕迹,应更换。观察火花塞间隙和颜色,调整间隙或更换火花塞。必要时用点火示波器检查点火系统的波形，确认有无故障。

（4）检查进气系统有无漏气。用真空表测量并结合在进气歧管附近喷化油器清洗剂的方法检查是否漏气。

（5）检查燃油压力。怠速时燃油压力应为 250 kPa 左右或符合原厂规定，加速时应上升至 300 kPa 左右或符合原厂规定。如油压过低，需检查油压调节器、燃油滤清器、燃油泵等。

（6）用示波器检查空气流量计、节气门位置传感器的输出电压波形，如有异常，应更换。

（7）拆卸、清洗各喷油器。检查喷油器在加速工况下的喷油量。如有异常，应更换喷油器。

（8）检查废气再循环系统的工作情况。

（9）检查排气管是否有堵塞现象。

以上程序须全部检查完成，确保排除同时存在几个故障原因的故障。

三、发动机加速不良的常见原因分析

发动机加速不良通常是由于混合气过稀、过浓，点火系统故障，发动机机械系统故障等原因引起的。

造成上述故障的具体原因如下：燃油系统油压过高或过低，喷油器喷油不良，传感器信号错误，点火高压低、能量小，点火正时不正确，气缸压缩压力低，排气管堵塞等。

发动机加速不良一般有两种现象：一种是踩下加速踏板，发动机加速迟缓；另一种是踩下加速踏板，发动机转速不但不上升反而下降。踩下加速踏板，节气门开度增加，进气量增加，发动机 ECU 根据进气量和节气门位置传感器信号和信号变化率，修正增加喷油量。如果踩下加速踏板，进气量增加少，修正增加喷油量也少，或喷油器喷油量增加迟缓或量少，加速就迟缓；如果踩下加速踏板，进气量急剧增加，但由于传感器信号出错，喷油器喷油量不增加或增加量少，或点火高压弱，就会使发动机转速下降。

如果发动机在加速过程中，转速只是发生一下波动，而后马上可以加速到高速，且能较长时间维持高速运转。这一般是在加速过程的瞬间出现了断火现象，应重点检查点火系统。

如果踩下加速踏板，发动机转速不升反降且有熄火征兆，很难加速到高速。这一般为混合气过稀或高压火花弱，也可能是排气管堵塞，其中以混合气过稀最为常见。此时，可在进气系统合适的地方（空气滤清器处、节气门处、真空管处，视机型而定）一边喷化油器清洗剂，一边迅速开启节气门。若此时发动机转速可迅速提高则说明混合气过稀。如果提高转速易熄火，则有可能高压火花弱或加速断火，也可能为点火错乱，如何区分呢？点火错乱引起加速时回火、放炮，同时怠速时发动机发抖，排气管有"突突"声，甚至怠速时可放炮，这在不同发动机上有不同程度的体现。如果怠速运转平稳，加速时回火、放炮，这一般是由高压火花弱或断火引起的。这可简单记为：

项目二 诊断与排除汽油机加速时回火的故障

提高转速易熄火，过稀高压火花弱；

化清剂来喷一喷，变好过稀莫放过；

回火、放炮均存在，高压火弱或断火。

如果用喷化油器清洗剂的方法确认故障原因为混合气过稀，则应从燃油压力低和导致喷油量减小的可能原因入手检查。

 四、进气管回火的分析

进气管回火是指混合气在进气歧管内燃烧，燃气从进气口喷出的一种故障现象。造成进气管回火的原因很多，涉及供油系统、点火系统和机械及电控等各个方面。

（1）对于供油系统，进气管出现回火是由燃油供应不足，混合气过稀引起。混合气过稀使混合气燃烧速度减慢，燃烧一直延续到排气行程终了进气门开启的时候，新鲜混合气遇到气缸内未排净的燃烧气体而被点燃，并逆流经进气歧管从进气口喷出而回火。

（2）对于点火系统，进气管出现回火是因为点火过晚或火花质量差导致的。一方面使开始燃烧的时刻推迟；另一方面也会使燃烧速度减慢，从而导致燃烧一直延续到进气门开启，引起进气管回火。同时伴随的现象还应有：发动机加速时转速提高缓慢，急加速时回火现象明显（有时缓加速时也有回火现象），同时排气管排气声发闷，发动机温度易升高。

如果在进气管回火的同时，机体抖动严重，排气管放炮，发动机功率严重下降，则多是由点火错乱而引起的。由于点火错乱，若某缸处于进气行程进气门开启，恰好该缸火花塞点火，则会形成进气管回火。如果检查确认各缸分高压线没有插错，则多为分电器盖击穿。需要引起注意的是，分电器盖存在轻微击穿时，一般情况下发动机在无负荷空转时工作正常，但在热车重负载爬坡时有回火现象，且回火时动力明显下降。

如果发动机空转时工作正常，急加速或急减速时有回火，高速行驶时有不规则的回火现象，在不平道路上行驶时回火频繁，对于传统有触点点火系统来说多因分电器搭铁不良导致的，对于电子点火系统来说可能是点火器等搭铁不良或点火系统某传感器松动等导致的。搭铁不良的分电器或点火器在发动机振动较大使分电器搭铁时，相当于低压回路断开，产生高压电。若分火头正好指向某个处于进气行程的气缸，则会引起进气管回火。

对于无分电器双缸同时点火的点火系统来说，急加速时出现回火现象还有一个常见的故障原因，那就是火花塞不良。在检查高压线无漏电、断路后，可换火花塞。

（3）机械故障。如果发动机低速运转时进气管回火，排气管有"突突"声，转速提高后症状减轻，则应检查某气缸压缩压力，比正常值是否低 0.2 MPa 以上。若将此缸断火，回火现象消失，则说明该缸进气门密封不严。由于进气密封不严，该缸做功时，燃烧的高温气体便会通过进气门进入进气歧管，引起进气管回火。因为发动机转速提高后，气门的相对漏气率降低，因此回火现象在低速时明显，而高速时减轻。

第三部分　汽车故障诊断与排除

如果发动机工作时，连续有节奏地出现回火，同时动力下降，而某缸断火后，回火现象消失，则多是因为该缸排气门调整螺栓松脱或推杆折断，使该排气门无法开启或开度过小。由于排气门不能完全开启，使得该缸废气不能及时完全排出，在进气门开启时，尚未排出的高温废气便进入进气歧管，引起进气管回火。可用断缸法找出故障缸，然后打开气门室盖，检查该缸排气门调整螺栓及推杆是否异常。

如果发动机工作时，进气管连续回火，低速时更明显，而相邻的两缸中某缸断火，回火现象消失，则可能是因为相邻两缸之间的气缸垫烧穿。因为相邻两缸之间的气缸垫烧穿，使某缸做功时，燃烧着的混合气进入相邻气缸，若此时这个缸的进气门处于开启状态，则会形成进气管回火。可用断缸法找出工作不良的两个气缸，检查两缸的配气机构。若无异常，则可判断为气缸垫烧穿，应更换气缸垫。

（4）电控单元失调或元器件及线路有故障，也会导致混合气过稀，进气管回火放炮。

五、加速不良检查歌诀

提高转速易熄火，过稀高压火花弱。
加速排气突突声，转速先降后上升。
保持高速数分钟，加速不好高速好。
加速断火故障找，先看点火高压线。
双缸点火急回火，更要检查火花塞。
加速过浓不太好，高压火弱迟或早。
进气通道积炭多，真空泄漏正时错。
加速之时听声音，沉闷圆滑为过迟，
加速不良想熄火，点火过早水温高，
加速之后灯报警，检查爆燃很要紧。
转速难升又回火，一喷化清便知晓。
过稀常见油压低，油泵油箱滤清器。
喷油脉宽看一下，空气流量信号查，
进气压力节气门，信号比较看波形。
电子油门能否开，排气堵塞跑不快。
线束接头接触好，搭铁不良找一找。

项目三　诊断与排除汽油发动机无法起动的故障

汽油发动机无法起动的故障现象表现如下。

（1）用起动机带动发动机运转时旋转轻快，但不能起动，也无起动征兆。

（2）用起动机带动发动机运转时有起动征兆，但难以着火，发动机不能起动或起动困难。

故障原因主要有以下3方面。

（1）电路（点火系统）故障。

（2）油路（燃料供给系统）故障。

（3）发动机内部机械故障。

故障诊断与排除的方法如下：首先拔出各分缸高压线试火（即拔出分高压线，线端对着地线）。若各分缸线无跳火或跳火不正常为电路（点火线）故障。若跳火正常，而且检查火花塞工作也正常，则为油路（燃料供给系）故障，具体分析如下。

一、电路（点火系统）故障

1. 故障现象

发动机不能起动，且无着火征兆。

2. 故障原因

（1）曲轴位置传感器 Ne 信号及凸轮轴位置传感器 G_1、G_2 信号丢失或信号不良。

（2）电子点火器内部损坏。

（3）无 IGT 信号或无 IGF 反馈信号。

（4）连接线路断路或短路。

（5）ECU 故障。

3. 故障诊断与排除

检查蓄电池是否无电或蓄电池连接线路是否松脱，再进行故障自诊断提取故障码，如有故障码，则按显示的故障码查找故障原因。

进行故障自诊断时，若显示故障码，应对曲轴位置传感器和凸轮轴位置传感器进行检测。

（1）曲轴位置传感器和凸轮轴位置传感器输出信号的检测：

① 拆下分电器插接器插头。

② 用示波器检测 Ne、G_1、G_2 的信号电压。

③ 起动发动机时，应有如图 3-3-1 所示的脉冲波形输出。

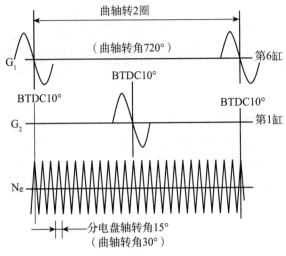

图 3-3-1　脉冲波形

④ 若检测到的脉冲波形有异常或无脉冲波形，则应做进一步的零件检测。

（2）曲轴位置传感器和凸轮轴位置传感器的检测：

① 传感器电阻的检查。拔下传感器的导线插接器，用万用电表电阻挡测量传感器上各端子间的电阻，如图 3-3-2 所示。其值应符合标准数值要求。若不符，则须更换曲轴位置传感器。

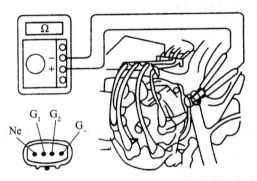

图 3-3-2　测量传感器线圈电阻

② 传感线圈与信号转子的间隙检查。用厚薄规测量信号转子与传感线圈凸出部分的空气间隙，间隙应为 0.2～0.4 mm，若间隙不符合要求，则须调整或更换分电器总成。

③ 进行故障自诊断时若显示故障码 14（点火系统 IGT 或 IGF 信号不良），应对电子点火器 ECU 及 ECU 与电子点火器的连接线进行检测。从分电器上拔下中央高压线，距离搭铁部位 5～6 mm，或插上调火器，起动发动机检查跳火情况。若检查跳火时火花正常，检查 ECU 与电子点火器之间 IGF 信号电路是否短路或断路，如有异常，应修理或更换配线或连接器。

如检查线路情况正常，则拔下电子点火器线束插接器，打开点火开关检查 IGF 端子的搭铁电压，标准值为 4.5～5 V，若不符，则检查或更换 ECU。若上述检查都正常，则故障在电子点火器，应更换新件。

若检查跳火无火花,则检测 IGT 端子的搭铁电压。当打开点火开关时,标准值为 9～14 V;起动发动机时,标准电压为 0.5～1.0 V。

④ 若检查电压符合标准值,打开点火开关检查电子点火器 IG 端子电压,其值应等于蓄电池电压。若不符,应检查点火开关、电源熔丝,然后检查点火线圈连接电路。拔下点火线圈的线束插接器,用万用电表检测点火线圈的电阻值,阻值应符合表 3-3-1 的电阻值。如不符,则需更换点火线圈。

表 3-3-1　点火线圈的电阻值

点火线圈	条件	电阻（Ω）	端子	条件	电阻（kΩ）
初级线圈	冷态	0.36～0.55	次级线圈	冷态	9.0～15.4
	热态	0.45～0.65		热态	11.4～18.1

若上述检查都正常,则故障在电子点火器,应更换新件。

若检查电压不符合标准值,检查 ECU 与电子点火器之间 IGT 信号电路有无短路或断路。若有异常,修理或更换配线或插接器;若无异常,检查或更换 ECU。

若以上测量均无问题,应对功率晶体管组件进行检查。拔下功率晶体管组件与电脑相连接的插接件。测量与点火线圈连接的各端子的电压,正常为 12 V。在起动状态下测量各晶体管基极的电压,正常值是 0.1～0.6 V。用万用表测量各功率晶体管各端子之间的电阻,方法是用指针式万用表测量各端子,测后再调换表笔,检查功率晶体管的好坏。

二、油路（燃料供给系统）的故障

1. 故障现象

（1）点火系统工作正常,但发动机不能起动。

（2）发动机勉强能起动,但不能正常运行。

2. 故障原因

（1）燃油箱内存油不足。

（2）油管堵塞、破裂或接头松动漏油。

（3）燃油滤清器堵塞。

（4）燃油泵或燃油泵继电器不工作,燃油泵熔丝烧断或线路断路、短路。

（5）燃油压力调节器损坏,造成系统燃油压力过低,导致喷油器喷油量严重不足。

3. 故障诊断与排除

（1）检查油箱是否有油,检查油管是否堵塞、破裂或接头松动漏油。如有异常则予以修复或更换新件。

（2）若以上检查都正常,拆下汽油滤清器观察油流情况。若无油流出,则故障是汽油滤清器堵塞或汽油滤清器至油箱管路堵塞或漏气所致。若有油流出,但喷出油的压力过小,则为燃油泵故障,应拆检燃油泵。

（3）检查燃油泵故障。

① 打开燃油箱盖，将开关置于 ON 位置（但不要起动发动机），燃油泵应能运转 2 s，此时在燃油箱加油口处倾听有无电动燃油泵运转的声音。如果在打开点火开关后，能听到电动燃油泵运转 3～5 s 后又停止，说明控制系统各部分工作正常。

② 若打开点火开关后听不到电动燃油泵运转的声音，则测量蓄电池电压是否在 12 V 以上。测量方法如下：拆下蓄电池负极电缆，释放燃油系统的油压，接上油压表，再重新接上蓄电池负极电缆之后，用一根导线将故障检测插座内两个检测电动燃油泵的插孔（以丰田车为例，这两个插孔为 FP 与 +B）短接（若为一个检查插孔则将其搭铁）。此时打开点火开关（不要起动发动机），如果能听到电动燃油泵运转的声音，说明 ECU 外部的电动燃油泵控制电路工作基本正常，故障在 ECU 内部或继电器；若仍听不到电动燃油泵运转的声音，用手捏住进油管应感到输油压力，如图 3-3-3 所示，否则，为 ECU 外部的控制电路故障，此时应检查熔丝、继电器及电动燃油泵有否损坏，各电路有无断路或接触不良。

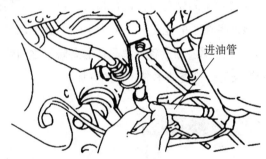

图 3-3-3 检测输油压力

③ 检测电动燃油泵总成。用万用电表电阻挡测量电动燃油泵上两个接线端子间的电阻，即电动燃油泵直流电动机线圈的电阻，其电阻值应为 2～3 Ω。

④ 检测电动燃油泵压力。将燃油压力表接在燃油管路上，并堵住出油口。短接电动燃油泵，打开点火开关，不起动发动机，使燃油泵运转 10 s 左右，此时燃油压力表的油压值即为燃油泵的最大泵油压力。

燃油泵的最大泵油压力应比发动机运转工况下的压力高出 200～300 kPa，达到 490～640 kPa。如达不到规定值，应检查或更换新燃油泵。关闭点火开关 5 min 后，观察燃油压力表的表压力，这个压力即为燃油泵的保持压力，其值应小于或等于 340 kPa，否则应更换燃油泵。如压力符合要求，则应检查或更换燃油压力调节器。

三、发动机内部机械故障

如果以上两方面检查都无问题，则应用气缸压力表检查气缸压力是否符合标准。如压力过低，应对发动机进行检修。

项目四 诊断与排除汽油机缺火的故障

汽油机缺火的诊断与排除方法如下。

（1）起动发动机后，逐渐增大节气门开度，如果从低速到高速整个转速过程中均能听到排气消声器内存在有节奏的"突突"声，且随发动机转速的升高，"突突"声的频率升高，则可判定为发动机有少数缸不工作。

（2）判定少数缸不工作时，应先更换火花塞，再检查高压分火线是否脱落。如无脱落，应用高压短路试验方法确定哪个缸不工作，即用螺钉旋具将火花塞短路，同时注意观察发动机转速的变化。如某缸火花塞短路后，发动机转速明显下降，则说明该缸工作正常；如转速略有下降，则为该缸工作不良；如转速无变化，说明该缸不工作。

（3）检查点火系统，最好用点火示波器，在没有示波器的情况下，可用如下方法检查。

① 如某缸不工作，应拔下该缸高压分线，在距火花塞 5～7mm 处，观察是否有火，若无火，则将该分线的另一端从分电器插孔拔出少许，查看插孔是否向分火线跳火，如跳火，则为分火线漏电。

② 如果有两个缸不工作，应拔下两缸分火线，距离火花塞 5～7mm 处，检查是否跳火。如均跳火，而发动机转速无变化，则可能是两缸分火线插错或两缸火花塞均不工作。如拆下两缸分火线均不跳火，或一个跳火而另一个不跳火时，应按一个气缸不工作的检查方法检查。若不工作的两缸的分电器盖旁插孔相邻，先拔下一个缸的分线，距火花塞 5mm 处检查跳火情况。如无火或火弱，则应将分线装回，拔下另一缸分线，检查跳火情况，如同样是无火或火弱，再将两根分线同时向气缸体跳火，且使两分线距气缸体的距离始终一远一近，若是哪根分线较近，哪根跳火，则可判定为这两缸分线所在插孔窜电。

③ 若高压分火线向火花塞跳火且火花强烈，火花塞良好，则应检查是否为发动机机械故障所致。

④ 对于电子点火的发动机，必须使用示波器，不能用上述方法试火。另外，如果火花塞积炭严重，有可能是发动机过度磨损造成的，必须先排除机械故障再做进一步检查。

项目五 诊断与排除汽油机缺火（发动机间歇熄火）的故障

一、故障现象

运转中发动机突然熄火，过后会自动着火（或可以起动）正常运转，又会不定时突然自行熄火。

二、故障原因

（1）空气流量计信号不连续。

（2）节气门位置传感器不良。

（3）曲轴位置传感器信号时有时无。

（4）EFI 主继电器、燃油泵继电器触点接触不良，时通时断。

（5）电控燃油喷射系统相关线路插接器松动。

（6）点火系统相关线路插接器松动。

（7）发动机 ECU 搭铁不牢靠。

（8）发动机 ECU 不良。

三、故障诊断与排除

（1）发动机出现故障后，应先读取故障码。影响发动机间歇熄火的有空气流量计、节气门位置传感器、曲轴位置传感器等。读出故障码后按故障码查找故障原因并排除故障。

（2）检查 EFI 主继电器、燃油泵继电器是否正常工作。

（3）检查电控燃油喷射系统、点火系统相关线路插接器是否有松动现象。在发动机运转时，人工依次振动各插接器，观察故障是否出现。若振动到某插接器时故障出现，说明该插接器松动，应进行修理。

（4）人工方法振动发动机 ECU 的搭铁线，同时使用万用表电阻挡检查发动机 ECU 搭铁是否良好。若电阻在 0 Ω 至无穷大间摆动，说明 ECU 搭铁不良，应加以修理。

（5）若故障仍然存在，换上新的发动机 ECU 再试。

（6）故障排除后，清除故障码。

项目六　诊断与排除汽油机动力不足的故障

发动机动力不足故障的现象表现为：发动机无负荷运转时基本正常，但带负荷运转时加速缓慢，上坡无力，加速踏板踩到底时仍感到动力不足，转速提不高，达不到最高车速。

一、故障原因

（1）节气门调整不当，不能全开。

（2）空气滤清器堵塞。

（3）燃油压力过低。

（4）气缸缺火。

（5）点火正时不当或高压火花弱。

（6）空气流量计或进气歧管真空度传感器、冷却液温度传感器、节气门位置传感器故障。

（7）喷油器堵塞或雾化不良。

（8）废气再循环装置工作不良。

（9）气缸压缩压力过低或配气正时失准。

（10）排气受阻，在发动机加载时，进气歧管真空度明显偏低。

二、故障检查的一般步骤

（1）进行故障自诊断，检查有无故障码出现。有条件的话，需用专用诊断仪读取动态数据流，或用万用表检查数据。影响动力性的传感器和执行器有冷却液温度传感器、空气流量计或进气歧管绝对压力传感器、节气门位置传感器、点火器、喷油器等。按所显示的故障码或数据流分析故障，查找故障原因。

（2）将加速踏板踩到底，检查节气门能否全开，如不能全开，应调整节气门拉索或踏板。

（3）检查空气滤清器有无堵塞，如有堵塞，应清洁或更换。

（4）用点火正时灯检查点火正时。在热车后的怠速运转中检查点火提前角，应为10°～15°或符合原厂规定，加速时点火提前角应能自动提前至20°～30°。如怠速时点火提前角不正确，应调整初始点火提前角；如果加速时点火提前角不正确，应检查点火提前控制线路及曲轴位置传感器、点火器等。

（5）检查有无明显缺缸，可做单缸断火、断油试验。

（6）检查所有火花塞、高压线、点火线圈。如有异常，应更换。可用点火示波器观察点火波形后确认。

（7）检查燃油压力。如压力过低，应进一步检查电动燃油泵、油压调节器、燃油滤清器等。

（8）拆卸喷油器，检查喷油量是否正常。如喷油量不正常或喷油雾化不良，应清洗或更换喷油器。

（9）检测空气流量计、节气门位置传感器、曲轴位置传感器、凸轮轴位置传感器、冷却液温度传感器、氧传感器、爆燃传感器信号。

（10）检查废气再循环装置工作是否正常。

（11）检查配气相位、气门间隙是否正确。

（12）检查进气增压装置、可变配气正时及气门升程装置的工作情况。

（13）检查排气是否不畅通、三元催化转化器是否堵塞。可用真空表与排气背压表来检查，或拆检。

（14）测量气缸压缩压力，检查气门积炭，拆检发动机等。气缸压力过低、气门弹簧过软、配气凸轮磨损等都可导致动力下降。

三、故障诊断、排除的相关要点

1. 确认汽车行驶无力是由发动机动力不足引起的

出现汽车加速时提速很慢、上坡时汽车行驶更加缓慢的现象，其根本原因可能不全在于发动机，要注意，如果传动系打滑或行驶系统"罢劲"，均会使汽车提速迟钝，易被误解为发动机动力性能不佳。为确认汽车提速迟钝是否由发动机造成，可按以下方法鉴别：

（1）在公路上把汽车车速提起来，然后突然收回加速踏板并立即将变速手柄推入空挡。如果汽车借惯性滑行距离较长，证明汽车传动及行驶部分无"罢劲"故障。如果滑行车速降速明显，则为汽车行驶"罢劲"。

（2）汽车上坡时按常规换挡后，应注意发动机转速是否与车速匹配。若车速降速明显，而发动机的转速很高，则说明传动系统打滑。

（3）对于带有牵引力控制系统的车辆来说，应关闭牵引力控制系统再试车一次。如果关闭牵引力控制系统后，汽车动力充足，故障就出在牵引力控制系统而非发动机。例如，当汽车装备有牵引力调节装置和防抱死制动系统，牵引力控制系统由于传感器依然在工作并产生充足的电压，并没有出现故障码，而由于存在噪声干扰，ECM将噪声干扰误以为轮速的增加，这样ECM就会始终给这个车轮施加一定的制动力，以致驾驶员抱怨这种车动力不足。另外，驾驶员信息屏会显示"Traction Active"，驾驶员可觉察到汽车正在施加制动力。产生干扰信号的原因在于轮速传感器磁体上的定位不好，可随意上下浮动或者对干扰信号的屏蔽不好。

（4）大负荷时感觉发动机无力，在已知自动变速器没故障时也可做一下失速试验，看失速转速是否过低。

2. 发动机动力不足的本质原因分析

燃油发动机动力性能不佳主要由以下几个方面促成：

（1）空燃比不良或供给量不足。

（2）点火性能不良。

（3）电控燃油喷射式发动机的电控系统失常。

（4）发动机调整或装配不当，或发动机本身机械状态不佳。

对燃油发动机，若混合气的空燃比不当，混合气过稀或过浓，均会影响发动机的动力性能。若混合气过浓，排气管必冒黑烟；若混合气过稀，则会造成燃烧缓慢，严重时会导致气管回火放炮。但若空燃比失调不太严重，则上述症状便不十分明显。可燃混合气供给量不足也不是靠直觉可以察觉的。

造成空燃比不良或混合气供给量不足的主要原因是燃油供给不足或空气供给受阻，所以应检查油路及空气滤清器。

点火性能不良主要是指高压火花弱、缺火、高速大负荷时断火、点火不正时等。

发动机调整或装配不当，或发动机本身机械状态不佳，主要是机械磨损或装配调整不正确从而导致进、排气性能不佳，气缸压力下降等，如正时带错齿、凸轮磨损、气门间隙不正确、气门积炭严重、气门弹簧过软导致高速运转时气门漂浮、缸套与活塞环磨损等。

电控系统失常是指电控系统的传感器、执行器或ECU出现某些问题导致喷油控制、点火提前角控制、进气控制、增压控制、可变配气相位及气门升程控制、可变排气控制等出现问题。

3. 汽车三元催化转化器的检查

三元催化转化器位于汽车下部正中央，用螺栓固定在排气歧管的后部管上。三元催化转化器为一整体式结构，在其排气管中央的栅格网表面涂有催化剂。三元催化转化器的作用是将废气中的 HC、CO 和 NO_x 等有害的气体转化成 CO_2 和水蒸气。

当理论空燃比为 14.7∶1，废气温度在 400 ℃ ~ 800 ℃时，三元催化转化器能最有效地减少废气中 HC、CO 和 NO_x 的含量。

当发动机出现诸如熄火等故障时，可能导致废气温度超过 1 400 ℃，从而使三元催化转化器基质熔化，烧坏三元催化转化器。应避免使用含铅燃油，因为废气中的铅会覆盖在催化剂表面，阻止催化反应的进行，废气中的残留燃油也有可能毒害催化剂。

（1）目测检查。检查三元催化转化器的外观，如发现外壳被压扁、锈蚀或出现凹痕，则应更换。

（2）从汽车上拆除三元催化转化器时，用电筒照其排气口处，看是否积炭或被铅污染物堵塞。

（3）轻轻摇动三元催化转化器，听听内部元件有无松动的迹象。如果发生元件堵塞、熔化或其他形式的损坏，则应更换三元催化转化器。

（4）功能测试。

① 以 2 500 r/min 的转速运转发动机约 2 min，将三元催化转化器加热至工作温度。

② 在三元催化转化器的废气入口处和出口处分别接一支表面温度探头，测量温度。

③ 出口处温度至少应比进口处温度高 38%。

④ 如果温差低于规定值，则应更换三元催化转化器。

⑤ 在氧传感器（或一氧化碳测试管）处安装排气压力表。

⑥ 用排气背压表在氧传感器安装孔处或一氧化碳测试管处检测排气压力。

⑦ 在正常工作温度下发动机怠速时，压力表读数不应超过 8.6 kPa（有些车确可能会超过这一数值，此处仅供参考）。把发动机转速提高至 2 000 r/min，压力表的读数不应超过 20.7 kPa。如果在以上任何一种情况下背压超出规定值，那么表明排气系统受阻。

⑧ 检查排气系统有无压扁的管路，系统是否发生热变形或内部消声器是否出现故障。如果没有找到排气系统背压过高的明显原因，那么可能是三元催化转化器受阻。完成检测后，在重新安装前用防黏剂涂敷氧传感器的螺纹。

动力不足检查歌诀（仅供参考）

动力不足原因多，基本检查不多说。

缺缸故障找一找，高压火弱迟或早；

混合气稀油压低，油泵油嘴滤清器；

进气压力流量计，各种重要传感器；

废气涡轮不增压，可变配气工作差；

进气不足排气堵，油门不能全开足；

弹簧过软气门浮，高速运转力不足；

气门积炭缸压低，拆开检查有道理。

项目七　诊断与排除离合器异响的故障

一、故障现象

发动机怠速运转时踩下离合器踏板有异响，放松踏板异响声消失；或者不论踩下或抬起离合器踏板均有异响。

二、故障原因

（1）分离轴承损坏或润滑不良。

（2）从动盘减振弹簧折断或松旷，摩擦片破裂，铆钉松动或外露，花键毂铆钉松动。

（3）分离杠杆与离合器盖连接松旷或分离杠杆支承弹簧疲劳、折断或脱落。

（4）分离杠杆或支架销及孔磨损松旷。

（5）分离杠杆调整螺栓过长而碰撞分离杠杆。

（6）离合器踏板回位弹簧与分离轴承座回位弹簧过软、折断或脱落。

（7）分离轴承与分离杠杆内端没有间隙。

（8）离合器操纵机构连接部位松动。分离拨叉或传动部分有卡滞现象。

（9）离合器盖上的驱动窗孔与压盘上的凸块配合松旷。

（10）离合器压盘与离合器盖连接松旷或双片离合器的中间压盘销孔与传动销磨损松旷。

（11）离合器踏板无自由行程。

（12）变速器第一轴前轴承或衬套磨损松旷。

三、故障诊断与排除

（1）检查离合器操纵机构各连接部位的紧固件有无松动。如有松动，应予以紧固。

（2）如无松动，连续踏、抬离合器踏板，检查分离拨叉和传动部分有无卡滞现象。如有卡滞现象，应予以排除。

（3）让发动机怠速运转，离合器处于接合状态，用脚或用手拉离合器踏板，观察踏板是否有回程。若有回程且响声消失，说明离合器踏板回位弹簧弹力不足或折断、脱落，应更换或装复。

（4）如图 3-7-1 所示，检查离合器踏板的自由行程是否符合标准。若自由行程过小，应按要求调整；若自由行程正常，应检查分离轴承的技术状况。在发动机运转变化时，发出间歇的撞击声和摩擦声，说明离合器分离轴承座回位弹簧过软、折断或脱落，应更换或装复。

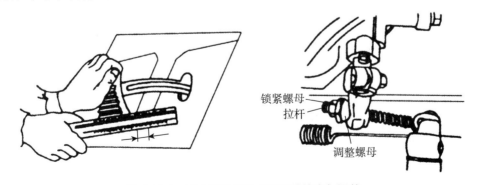

图 3-7-1　离合器踏板自由行程的检查与调整

（5）起动发动机并在怠速下运转，轻轻地踩下离合器踏板，使分离轴承与分离杠杆内端刚好接触；若此时发出"沙沙"声，说明分离轴承润滑不良或损坏，应加注润滑油或更换新件。

（6）将离合器踏板踩到底，若听到"哗哗"的金属滑磨声，则拆离合器底盖查看。若分离轴承不转，甚至有火花，说明分离轴承损坏，应检查分离轴承的技术状况，如图3-7-2所示。

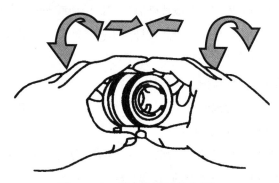

图3-7-2　检查离合器分离轴承

（7）在踩下离合器踏板的过程中并无响声，但踩到底时发出"咔啦、咔啦"声，且随着发动机转速的升高而加重，中速稳定时响声明显减弱，抬起踏板后响声消失，说明离合器压盘与离合器盖连接松旷，双片离合器的中压盘销孔与传动销磨损松旷，应拆下离合器修复或更换新件。

（8）在汽车行驶过程中，当离合器在接合或分离的瞬间，若汽车发出一种"咔"或"吭"的响声，特别是重载车起步时尤为明显，说明从动盘花键与变速器第一轴配合松旷或从动盘减振弹簧折断或松旷，应视情况更换从动盘或变速器第一轴。

（9）调整分离杠杆的离合器后，在发动机运转时便听到有节奏的"嗒嗒"的响声，且随着发动机转速的升高而加重，说明分离杠杆调整螺栓过长而碰撞分离杠杆，可用砂轮磨去过长的部分。

（10）当刚踩下或刚抬起离合器踏板时，亦即离合器处于刚要分离或刚要接合的时候，若听到有"咔嗒"的碰击声，说明从动盘摩擦片或从动盘与花键毂的铆钉松旷，应更换从动盘；若听到有金属刮磨声，说明从动盘摩擦片的铆钉外露，应更换从动盘。

（11）从动盘完好，应分解离合器总成，检查压盘弹簧、减振弹簧、传动片等有无折断，若折断，则应予以更换。

项目八 诊断与排除汽车转向沉重的故障

一、故障现象

左右转动方向盘,感到沉重费力。

二、故障原因

(1)转向器内缺油或油过脏。

(2)转向螺杆两端轴承调整过紧或轴承损坏。

(3)转向螺母与摇臂轴齿扇啮合过紧。

(4)转向器、转向节注销、轴承衬套部位缺油或调整过紧。

(5)横拉杆、直拉杆球头销部位缺油或调整过紧。

(6)转向节止推轴承缺油、损坏、调整过紧。

(7)前轮定位失准,主销后倾角过大或过小,内倾角过大,前轮前束调整不当。

(8)转向桥、车架弯曲或变形,前稳定杆变形,转向轴弯曲。

(9)前轮轮毂轴承过紧。

(10)钢板弹簧挠度和尺寸不符合规定。

(11)轮胎气压不足。

三、故障诊断与排除

(1)支起前桥后转动转向盘,若转向盘转向灵活,应检查轮胎气压是否过低,前轮定位是否符合要求,前钢板弹簧是否良好,前轴和车架是否变形。必要时应予以修理或更换新件。

(2)支起前桥转向沉重,则拆下转向垂臂。再转动转向盘,若感到转动灵活,表明故障在转向传动机构。检查各球头销装配是否过紧,转向节止推轴承是否缺油损坏,横拉杆、直拉杆是否弯曲变形。若有损坏或不符合要求,应予以修理或更换新件。

(3)若拆下转向垂臂后,转动转向盘仍然沉重,则故障在转向器。应检查转向器是否缺油。若转向器缺油,应按规定添加润滑油;若转向器不缺油,应将转向器拆下进行检修。

项目九 诊断与排除交流发电机充电电流不稳定的故障

一、故障现象

交流发电机在工作时,电流表指针往复摆动,电池指示灯时亮时灭。

二、故障原因

(1) 发电机传动带过松。
(2) 发电机与蓄电池之间连线接触不牢。
(3) 电刷磨损不均或电刷弹簧失效。
(4) 调节器各触点烧蚀或有油污。
(5) 调节器调整不符合要求。

三、故障诊断与排除

(1) 检查发电机传动带的松紧度是否合适,若不合适,应予以调整。
(2) 检查发电机与蓄电池的各接线柱之间的导线连接是否可靠,若有故障,应予以排除。
(3) 使发动机稳定运转,用试灯检查发电机,若试灯亮度有明暗变化,表示发电机有故障。
(4) 分解并检查发电机,检查电刷接触状况及电刷弹簧拉力如何,是否断裂、失效。若良好,应检查转子和定子线圈是否接触不良。
(5) 用试灯检查发电机发电良好,这时应检查发电机调节器各触点是否烧损或有污物,若触点正常,则可用指甲扣压电阻丝,检查有无断电现象。若以上全部正常,则检查调节器的调整是否符合要求。
(6) 拆除调节器正极(+)连接线与F端子之间的连接线并悬空,用试灯连通发电机的两个接线柱。使发电机转速不断升高,观察电流表。若电流表反应稳定,灯亮而不闪,表明发电机外磁场接触不良,或调节器的低速触点烧蚀。

若电流表指针左右摆动,灯亮而闪光,表明发电机外充电电路接触不良。若灯闪而不亮,则发电机内部接触不良。

项目十　诊断与排除起动机转动无力的故障

一、故障现象

接通起动开关,起动机能运转,但转动无力,不能起动发动机。

二、故障原因

(1) 蓄电池亏电太多,起动机电路接头松动、脏污而接触不良或发动机搭铁不良。
(2) 起动机装配过紧,或内部旋转件碰擦。
(3) 起动机换向器与电刷间脏污、烧蚀或电刷磨损过量、弹簧过软。
(4) 起动机电枢绕组或磁场绕组短路。
(5) 起动机电磁开关触点烧蚀或电磁开关吸引线圈、保持线圈断路、短路。

三、故障诊断与排除

(1) 开前照灯、按喇叭,判断蓄电池是否亏电较多。必要时加以充电或更换新件。
(2) 检查起动电路各连接导线是否松动或搭铁,若有则加以排除。
(3) 短接起动机的两个主接线柱,若电流很大,起动机运转正常,表明蓄电池起动机电路良好,故障在电磁开关,应修复或更换。若起动机仍转动无力,则故障可能是起动机内部绕组短路、搭铁处或换向器故障。

项目十一　诊断与排除汽油发动机无高压电的故障

一、故障现象

(1) 拔出中央高压线,在距缸体 5~7 mm 处无高压跳火。

(2)发动机不能起动,无着火征兆。

(3)带有电流表的汽车,起动发动机后电流表指示正常。

二、故障原因

(1)分火头击穿。

(2)分电器盖漏电或中心电极脱落。

(3)点火线圈烧坏。

(4)中央高压线断路,中央高压插座漏电或其插孔内氧化物过多。

(5)火花塞失效或漏电。

三、故障诊断与排除

拔下中央高压线,做跳火试验。

1. 无火

(1)检查低压线路有无断路故障。

(2)检查点火线圈次级绕组的电阻。如有异常,应更换新件。

2. 有火

(1)检查分火头是否击穿。

(2)检查高压分线是否老化漏电,是否断路。

(3)检查分电器盖中心炭极是否完好,盖体是否裂损或窜电。

(4)检查火花塞是否漏电,电极是否潮湿或积炭过多,间隙是否符合标准。若间隙不符合标准,应调整或更换新件。

第四部分 汽车修理工（中级）职业技能鉴定题库汇编

项目一 汽车底盘部分

一、单项选择题

1. 综合式液力变矩器是指在导轮与固定导轮的套管之间装有（　　）的液力变矩器。
   A. 离合器　　　　　　B. 湿式多片式　　　　C. 单向离合器
2. 自动变速器车辆制动或进挡时，自动变速器（　　）可导致发动机熄火故障。
   A. 行星齿轮机构卡死　　B. 液压执行元件（离合器或制动器）烧损
   C. 锁止离合器的锁止不能被正确解除
3. 如果主、从动锥齿轮的啮合印痕和齿侧间隙不符合要求，应按（　　）的口诀进行调整。
   A. 大进从，小出从；顶进主，根出主　　B. 小进从，大出从；根进主，顶出主
   C. 大进主，小出主；顶进从，根出从
4. 下面（　　）不会导致离合器分离不彻底。
   A. 离合器踏板自由行程过大　　　　　　B. 离合器踏板自由行程过小
   C. 分离杠杆内端不在同一平面上
5. 以下（　　）元件不是普通液力变矩器的组成部分。
   A. 泵轮　　　　　　　　B. 涡轮　　　　　　　　C. 叶轮
6. 液压动力转向系统排空气的程序为（　　）。
   A. 架起转向桥，发动机怠速运转，同时反复向左、向右转动转向盘到极限位置，直至储油箱内泡沫冒出并消除乳化现象
   B. 在车辆不起动的状态下，同时反复向左、向右转动转向盘到极限位置，直至储油箱内泡沫冒出并消除乳化现象
   C. 将车辆停放在平坦的地面上，发动机怠速运转，同时反复向左、向右转动转向盘到极限位置，直至储油箱内泡沫冒出并消除乳化现象
7. 子午线轮胎宜用（　　）换位法。
   A. 单边　　　　　　　　B. 交叉　　　　　　　　C. 循环

8. 测量转向时的负前束（即转向前展差）主要目的是检查（　　）。

　　A. 减震器是否漏油　　　B. 单轮前束是否为负值

　　C. 转向梯形结构的整体工作状况

9. 下面说法正确的是（　　）。

　　A. 螺旋弹簧需要良好的润滑，且能量吸收率较差

　　B. 扭杆弹簧无明显减振作用，需要另外加装减震器

　　C. 气体弹簧有减振作用，且不需要导向装置

10. 后轮前束（　　）则磨损轮胎面内部花纹边缘，每排轮胎花纹外部边缘被羽状化。

　　A. 过小　　　　　　　B. 过大　　　　　　　C. 为零

11. 车轮定位检测之前使用制动踏板锁顶住制动踏板是为了（　　）。

　　A. 前轴前束测量准确　　B. 保证检测安全，防止溜车

　　C. 防止为测量主销角度而转动转向盘时车轮前后滚动造成检测结果偏差

12. 子午线轮胎胎侧部分（　　）性能较差。

　　A. 防滑　　　　　　　B. 防刺　　　　　　　C. 耐磨

13. 轿车上常采用（　　）式制动器。

　　A. 双领蹄　　　　　　B. 双从蹄　　　　　　C. 领从蹄

14. 桑塔纳轿车前轮盘式制动器的制动间隙是自动调整的，它是利用（　　）来实现的。

　　A. 密封圈的弹性变形　　B. 制动盘的弹性变形　　C. 制动钳的弹性变形

15. ABS 通过使趋于抱死车轮的制动压力循环往复地经历（　　）过程，而将趋于抱死车轮的滑移率控制在最大纵向附着系数滑移率的附近范围内。

　　A. 保持，减小，增大　　B. 增大，保持，减小　　C. 保持，增大，减小

16. 循环式制动压力调节系统的特点是制动压力油路和控制压力油路（　　）。

　　A. 相通　　　　　　　B. 相互交叉　　　　　　C. 相互隔绝而不相通

17. （　　）不会导致制动拖滞，制动踏板无自由行程。

　　A. 制动主缸复位弹簧折断或失效　　　　B. 车轮轴承调节不当

　　C. 破损或毁坏

18. 在悬架系统中，既有弹性，又有减振和导向作用的部件是（　　）。

　　A. 钢板弹簧　　　　　B. 螺旋弹簧　　　　　C. 扭杆弹簧

19. 麦弗逊式独立悬架属于（　　）。

　　A. 横臂式悬架　　　　B. 纵臂式悬架　　　　C. 车轮沿主销轴线移动式悬架

20. 轮胎提供减振功能的部位是（　　）。

　　A. 胎边部　　　　　　B. 胎肩部　　　　　　C. 胎冠部

21. 如果车轮的前束调整不当，容易引起车胎的磨损特征是（　　）。

　　A. 轮胎单侧胎肩磨损严重　　　　　　　B. 车胎胎冠表面有羽状横纹

　　C. 车胎两侧胎肩都磨损严重

22. 液压动力转向系统渗入空气不会引起（　　）故障。

　　A. 转向沉重　　　　　　B. 前轮摆动　　　　　　C. 转向发漂

23. 轮胎气压过低对轮胎的磨损状况是（　　）。

　　A. 轮胎单侧胎磨损严重　　　　　　　　B. 轮胎胎冠中间磨损严重

　　C. 轮胎两侧胎肩同时磨损严重

24. 拆装轮胎时，对胎唇应涂抹专用润滑脂，防止撕裂，这是因为胎唇的主要作用是（　　）。

　　A. 减振　　　　　　　B. 耐磨　　　　　　　C. 密封

25. 以下（　　）元件不是自动变速器的换挡执行机构。

　　A. 离合器　　　　　　B. 制动器　　　　　　C. 锁止离合器

26. 自动变速器中制动器的作用是（　　）。

　　A. 连接　　　　　　　B. 固定　　　　　　　C. 锁止

27. 以下（　　）不是手动变速器的换挡装置的形式。

　　A. 直齿滑动式　　　　B. 接合套式　　　　　C. 直接啮合式

28. 液压动力转向系统中，以下（　　）不是转向控制阀的作用。

　　A. 转向动力缸输出动力大小　　　　　　B. 转向动力缸输出动力方向

　　C. 增力时刻

29. 轮胎 195/70SR14TL 中"TL"表示（　　）。

　　A. 高速轮胎　　　　　B. 无内胎轮胎　　　　C. 低速轮胎

30. 悬架系统中有减震器，减震器与弹性元件（　　）安装。

　　A. 并联　　　　　　　B. 串联　　　　　　　C. 混联

31. 转向轮自动回正的作用是由（　　）来实现的转向轮外倾。

　　A. 前束　　　　　　　B. 主销后倾　　　　　C. 内倾

32. 前束（　　）则磨损轮胎面外部花纹边缘，每排轮胎花纹内部边缘被羽状化。

　　A. 过小　　　　　　　B. 过大　　　　　　　C. 为零

33. 检测车辆之前，往往需要进行轮辋偏位补偿，是为了（　　）。

　　A. 补偿传感器自身原件的精度误差　　　　B. 补偿卡具安装带来的安装误差

　　C. 补偿由于轮辋偏摆机器卡具磨损和安装造成的综合误差

34. 横向稳定杆的作用主要是（　　）。

　　A. 保证车轮的角度不变　　　　　　　　B. 起到减振作用

　　C. 防止车身过度侧倾

35. 车轮单轮前束的定义是（　　）。

　　A. 车轮中心平面与地面垂直平面间的夹角

　　B. 前轴单侧车轮的车轮中心平面与车辆推力线之前的夹角

　　C. 前轴单侧车轮的车轮中心平面与车辆中心对称面之间的夹角

36. 如果车轮的外倾角调整不当，容易引起轮胎的磨损特征是（　）。

　　A. 此轮胎单侧胎肩的磨损严重　　　　　　B. 此轮胎胎冠表面有羽状横纹

　　C. 此轮胎两侧胎肩同时磨损严重

37. 车辆定位调整之前需要将转向盘打正后锁定住，是为了（　）。

　　A. 在调整过程中保证检测基准不发生变化　　B. 在调整过程中防止车身滑动

　　C. 在调整过程中防止车身俯仰

38. 如果前轮前束可以通过（　）的长度进行调整。

　　A. 直拉杆　　　　　　B. 横拉杆　　　　　　C. 梯形臂

39. 将发动机与手动变速器装配时，应在变速器的输入轴花键上涂（　）。

　　A. 发动机机油　　　　B. 齿轮油　　　　　　C. 润滑脂

40. 下面关于制动液液面下降原因，叙述错误的是（　）。

　　A. 制动蹄片磨损　　　B. 制动分泵活塞卡住

　　C. 制动液具有吸湿性，长时间不盖制动液加注口盖，导致制动液大量挥发

41. 关于差速器的功能，下列叙述错误的一项是（　）。

　　A. 进一步提升转速和扭矩

　　B. 在汽车转弯时调整左、右轮之间的旋转差动

　　C. 带有限滑功能的差速器可限制滑轮滑动，将扭矩传递至非打滑轮

42. 下面关于制动系统，叙述正确的是（　）。

　　A. 拆卸制动鼓（或制动钳）后，不能再踏制动踏板

　　B. 应该在调整制动蹄间隙前，先调整驻车制动器的行程

　　C. 因制动液没有腐蚀性，即使落在油漆表面上，漆面也不会受损

43. 下列关于检查动力转向液液位的说法，正确的是（　）。

　　A. 当怠速时，转动转向盘数次，使其温度上升，停止发动机并检查储液罐液位是否处于规定范围内

　　B. 发动机运转时，检查储液罐液位是否处于规定范围内

　　C. 转动方转盘时，检查储液罐液位是否处于规定范围内

44. 检查自动变速器液位应在（　）。

　　A. 发动机保持怠速运转到温度正常下进行

　　B. 发动机熄火状态将变速杆由 P 位拉到 N 位再推回 P 位后进行

　　C. 变速箱油达到规定温度后进行

45. 下面属于差速器主要功能的是（　）。

　　A. 降低转速，增加扭矩　　　　　　　　　B. 接通和断开发动机的动力

　　C. 在汽车转弯时调整左右轮之间的旋转差动，防止车轮滑拖

46. 下面关于手动变速器油位的常用检查方法，说法最合理的是（　）。

　　A. 为了检查手动变速器的油位，卸下加注塞，把螺钉旋具或同类工具插入塞孔内

项目一 汽车底盘部分

B. 为了检查手动变速器的油位，拆下加注塞，把手指插入塞孔检查在什么位置油能接触到手指

C. 为了检查手动变速器的油位，拆下排油塞，放出油，测量油量

47. 下面关于前置后驱汽车的动力传动路线叙述正确的是（   ）。

A. 发动机→离合器→变速器→差速器→传动轴→主减速器→半轴→轮胎

B. 发动机→变速器→离合器→差速器→传动轴→主减速器→半轴→轮胎

C. 发动机→离合器→变速器→传动轴→主减速器→差速器→半轴→轮胎

48. 下面关于轴距的说法，正确的是（   ）。

A. 轴距是指左右轮中心的距离

B. 轴距是指车辆最前端至最后端的距离

C. 轴距是指从前轮中心至后轮中心的距离

49. 单纵臂式悬架一般（   ）。

A. 多用于转向轮　　　　B. 一般不用于转向轮　　　　C. 用于重型车

50. 拆装轮胎时，对胎唇应涂抹专用润滑脂，防止撕裂，这是因为胎唇的主要作用是（   ）。

A. 减振　　　　　　　　B. 耐磨　　　　　　　　　　C. 密封

二、判断对错题（对的画1，错误的画0）

1. 拆卸传动轴时，应从传动轴前端与变速器连接处开始。（   ）
2. 无论差速器差速与否，行星锥齿轮差速器都具有转矩等量分配的特性。（   ）
3. 自动变速器油（ATF）可用于动力转向系统、手动变速器和主减速器。（   ）
4. 自动变速器严禁使用手动变速器齿轮油、主减速器专用油或发动机机油。（   ）
5. 对于装备自动变速器的车辆，当冷却液温度低于70 ℃时，自动变速器不能升入高速挡。（   ）
6. 多片湿式离合器只可用作驱动元件，不可用作锁止元件。（   ）
7. 自锁差速器在工作时，使快转一侧力矩减小，慢转一侧力矩增加，同时，可阻止差速趋势，防止打滑。（   ）
8. 装配自动变速器的离合器时，应将新的摩擦片在ATF油中浸泡15 min以上。（   ）
9. 轮胎气压过低，会导致胎冠磨损加剧。（   ）
10. 更换悬架的螺旋弹簧时，要同时更换左、右两个螺旋弹簧。（   ）
11. 主销内倾角过小，会导致转向沉重，加速轮胎磨损。（   ）
12. 对于前轮驱动的汽车，前轮宜为正前束，后轮宜为负前束。（   ）
13. 正的主销后倾角用于大多数前轮驱动车辆。（   ）
14. 如果轮胎的气压过低，车辆行驶中可能发生"驻波"，导致轮胎过热而爆裂。（   ）
15. 拆卸车轮固定螺母的顺序应按照顺时针依次进行。（   ）
16. 检查制动液位时，若发现液位下降，则可判定制动液是从液压制动系统中泄漏的。（   ）

17. 重新安装软管卡箍时，应安装到原来印痕处，以免泄漏。（   ）

18. 车辆在高速公路行驶时，轮胎压力应该适当调低，以免由于轮胎温度升高而导致胎压过高爆裂。（   ）

19. 当变速器的同步器锁环的内表面磨损时，同步器锁环与齿轮之间的间隙变小。（   ）

20. 离合器踏板的自由行程是指当踏板踩到底时踏板和车底板之间的距离。（   ）

21. 在调整驻车制动器时，应保证组合仪表上的驻车制动报警指示灯在驻车制动操纵杆拉到第二齿时点亮。（   ）

22. 在给制动管路排空气时，通常应先从离驾驶员最远的轮胎开始排空气，遵循由远到近的原则。（   ）

23. 检查离合器工作状态时，如果挂挡不顺畅，有异常的噪声，可能是离合器分离不够彻底。（   ）

24. 更换制动器摩擦片时，如果推入制动轮缸活塞困难，可在推入活塞的同时松开放气塞使制动液排出一些以便安装。（   ）

25. 拆卸转向中间轴时，不需要先固定转向盘。（   ）

26. 如果制动液中混入了水，其沸点会发生改变，从而提高了性能。（   ）

27. 制动液、电解液等液体飞溅到漆面、地面、人体时应及时清洗处理。（   ）

28. 鼓式制动器的制动摩擦片磨损后，由于制动摩擦片和制动鼓之间的间隙变小，制动性能下降。（   ）

29. 为了检查手动驱动桥的液位应拆下排油塞，放出油，测量油量。（   ）

30. 检查制动真空助力器的密封性时，应先将发动运转后熄火，再逐次踩住制动踏板，踏板踏下后的高度应越来越高。（   ）

三、多项选择题

1. 下面关于更换制动器摩擦片的说法，正确的是（   ）。
   A. 当更换盘式制动器摩擦衬块时，需断开制动软管以使软管不被拉扯或折叠
   B. 盘式制动器摩擦衬块安装具有方向性，因此需要注意安装位置
   C. 为了防止制动发出声音，在消音垫片上涂上润滑脂
   D. 为了防止制动发出声音，在摩擦衬块和制动盘的摩擦表面上涂上少量的润滑脂

2. 下面关于轮胎维护的说法，不正确的是（   ）。
   A. 给轮胎充气时应使轮胎压力适当高点，以达到省油的目的
   B. 如果轮胎出现磨损不均匀，肯定是轮胎的压力不足或过高造成的
   C. 轮胎换位时应考虑车辆的驱动型式
   D. 轮胎换位时如果前胎和后胎的设计尺寸不同时，可将两侧前轮胎与后轮胎同时对调

项目一　汽车底盘部分

3. 如果长时间不更换自动变速器油，则可能产生（　　）。

　　A. 换挡时机改变　　　　　　　　　　B. 汽车燃油经济性变差

　　C. 变速器发出异常噪声　　　　　　　D. 换挡平顺性变差

4. 对于麦弗逊式独立悬架车辆，若减震器由于事故变弯，可能会导致（　　）。

　　A. 转向后不能自动回位　　　　　　　B. 车辆行驶跑偏

　　C. 车辆制动跑偏　　　　　　　　　　D. 轮胎异常磨损

5. 对前轮主销内倾角描述正确的有（　　）。

　　A. 主销中心线向内倾斜且与铅垂线之间的夹角

　　B. 主销内倾角会影响转向盘自动回正能力

　　C. 两侧主销内倾角差距过大会引起车身偏斜

　　D. 只要转向盘打正，就可以直接测量出主销内倾角

6. 汽车独立悬架的优点是（　　）。

　　A. 两侧车轮可以单独运动　　　　　　B. 车轮非承载质量小

　　C. 汽车平顺性提高　　　　　　　　　D. 发动机重心降低

7. 通常需要对车轮进行定位的原因包括（　　）。

　　A. 车辆发生碰撞事故，承载车身或底盘有损伤

　　B. 车辆更换新的转向器总成之后

　　C. 用户反映车辆直线行驶时容易跑偏或轮胎磨损异常

　　D. 更换了悬架的部分部件

8. 钢板弹簧的特点有（　　）。

　　A. 不需要另加导向装置　　　　　　　B. 不具有减振作用

　　C. 使用寿命长　　　　　　　　　　　D. 适用于载货货车

9. 在定位检测之前，车型数据选择错误，有可能造成（　　）。

　　A. 车辆定位的标准数据可能错误

　　B. 定位仪给出的检测和调整流程可能错误

　　C. 没有影响

　　D. 与被调整车辆相关的帮助资料和信息可能错误

10. 对悬架作用描述正确的包括（　　）。

　　A. 减缓振动及摇摆在车轮及车架（或车身）间传递驱动力和制动力

　　B. 在车辆行驶中

　　C. 使车身与车轮间保持适当的几何关系

　　D. 承载车身重量

11. 对车轮转向时自动回正能力显著影响的车轮定位角度包括（　　）。

　　A. 车轮外倾角　　　　B. 主销内倾角　　　　C. 推力角　　　　D. 主销后倾角

12. 下列情况中，可能会造成车辆行驶跑偏的因素有（　　）。
　　A. 车轮外倾角左右差超过 1° 　　　　　　B. 前轮主销轴倾角左右差超过 1°
　　C. 车辆左右两侧的轴距存在较大偏差　　　D. 后轮左右单轮前束左右差超过 1°

13. 载重汽车常使用的轮辋结构主要是（　　）。
　　A. 深槽轮辋　　　　B. 平底轮辋　　　　C. 对开式轮辋　　　　D. 宽深槽轮辋

14. 定位检测之前，应该先检查的项目包括（　　）。
　　A. 检测悬架是够明显变形或损坏　　　　　B. 检测四轮胎压是否符合标准
　　C. 检测轮辋是否严重变形或损坏　　　　　D. 检测轮胎花纹磨损状况和深度

15. 螺旋弹簧的特点有（　　）。
　　A. 无须润滑，质量小，能量吸收率高　　　B. 单位质量吸收能量较低
　　C. 无减振作用，需装减震器　　　　　　　D. 承受垂直载荷，需装导向装置

16. 车轮定位的一般调整顺序是（　　）。
　　A. 先调整后轴前束，再调整前轴前束　　　B. 先调整前轴前束，再调整后轴前束
　　C. 对同一轴，先调整外倾角再调整前束角　D. 对同一轴，先调整前束角再调整外倾角

17. 车辆设置主销后倾角的目的有（　　）。
　　A. 防止车辆颠簸　　　　　　　　　　　　B. 减少轮胎磨损
　　C. 改善行驶稳定性　　　　　　　　　　　D. 提高转向回正能力

18. 下列（　　）会造成四轮定位参数失准。
　　A. 车辆发生碰撞事故维修　　　　　　　　B. 用举升机举升车辆
　　C. 在凹凸不平的路面上高速行驶　　　　　D. 轮胎异常磨损

19. （　　）会导致制动跑偏。
　　A. 轮胎压力不对　　　　　　　　　　　　B. 车轮轴承调节不当 破损或毁坏
　　C. 制动踏板自由行程调整不当　　　　　　D. 四轮定位调整不当

20. 四轮定位时，向左右转动转向盘各 20° 是为了测量（　　）。
　　A. 前轮主销内倾角　　　　　　　　　　　B. 前轮外倾角
　　C. 前轮主销后倾角　　　　　　　　　　　D. 转向时负前束（转向前展差）

项目二 汽车发动机部分

一、单项选择题

1. 活塞式内燃机按活塞运动方式分为（　　）内燃机。
   A. 往复活塞式内燃机和旋转活塞式
   B. 往复活塞式内燃机和三角转子活塞式
   C. 三角转子活塞式和旋转活塞式

2. 多缸发动机各（　　）的总和，称为发动机排量。
   A. 气缸容积　　　　B. 气缸工作容积　　　　C. 气缸总容积

3. 四冲程发动机的运转是按（　　）的顺序不断循环反复的。
   A. 进气行程、压缩行程、做功行程和排气行程
   B. 进气行程、做功行程、压缩行程和排气行程
   C. 排气行程、进气行程、压缩行程和做功行程

4. 通常用（　　）来评价内燃机的经济性能。
   A. 燃油消耗量　　　B. 燃油消耗率　　　　C. 油耗

5. 气缸磨损的最大部位是活塞在（　　）时第一道活塞环相对应的气缸壁
   A. 上止点位置　　　B. 下止点位置　　　　C. 上、下止点位置

6. 在组装活塞环时，应注意活塞环标记面朝向（　　）。
   A. 上　　　　　　　B. 下　　　　　　　　C. 活塞销轴线

7. 第一道环的开口方向，应（　　）发动机做功时的受力面，各道环的开口方向应互呈90°或180°。
   A. 背向　　　　　　B. 朝向　　　　　　　C. 垂直于

8. 下述（　　）零件不属于气门传动组。
   A. 凸轮轴　　　　　B. 气门　　　　　　　C. 液力挺柱

9. 进、排气门在排气上止点时（　　）。
   A. 进气门开，排气门关　　B. 进气门关 排气门开　　C. 进气门和排气门均开

10. 做功顺序为 1→3→4→2 的发动机，在第3缸活塞处于压缩上止点时，可以检查调整（　　）气门间隙。
    A. 第3缸进、排气门，第4、2缸进气门
    B. 第3缸进、排气门，第4缸排气门，第2缸进气门
    C. 第3缸进、排气门，第4缸排气门，第1缸进气门

11. 从凸轮轴的前端来看，各缸同名凸轮的相对位置按发动机做功顺序（　）排列。

　　A. 逆凸轮轴转动方向　　B. 顺凸轮轴转动方向　　C. 凸轮轴转动方向

12. 配气相位用（　）表示的进、排气门的开启时刻和开启延续时间。

　　A. 曲轴转角　　　　　　B. 凸轮轴转角　　　　　C. 点火提前角

13. 进气系统的功用是（　），为发动机可燃混合气的形成提供必需的空气。

　　A. 测量汽油燃烧时所需的空气量　　　　B. 控制汽油燃烧时所需的空气

　　C. 测量和控制汽油燃烧时所需的空气量

14. 下列（　）空气流量传感器输出的是频率信号。

　　A. 叶片式　　　　　　　B. 热线式　　　　　　　C. 卡门旋涡式

15. 热线（热膜）式空气流量传感器计量方式测量主要以空气质量为主，一般不受（　）影响。

　　A. 进气温度　　　　　　B. 进气压力　　　　　　C. 海拔高度

16. 电动汽油泵中的（　）可以使发动机熄火后油路内汽油仍保持一定压力，减少了气阻现象，使发动机高温起动容易。

　　A. 安全阀　　　　　　　B. 单向阀　　　　　　　C. 涡轮泵

17. 汽油压力调节器的作用是（　）。

　　A. 控制喷油器的喷油压力保持恒定

　　B. 控制电动汽油泵供油压力保持恒定

　　C. 控制喷油器的喷油压力和进气歧管的绝对压力的压差保持恒定

18. 可与电压驱动方式或电流驱动方式配合使用的喷油器为（　）。

　　A. 高电阻喷油器　　　B. 低电阻喷油器　　　C. 高电阻喷油器和低电阻喷油器

19. 在测量发动机运转时的汽油压力时，拔下汽油压力调节器上的真空软管后汽油压力应比发动机怠速运转时的汽油压力（　）。

　　A. 高　　　　　　　　　B. 低　　　　　　　　　C. 相同

20. 电阻型氧传感器是指（　）氧传感器。

　　A. 氧化锆式　　　　　　B. 氧化钛式　　　　　　C. 宽量程

21. 强制循环式水冷系利用（　）强制冷却液在冷却系中进行循环流动。

　　A. 冷却液泵　　　　　　B. 散热器　　　　　　　C. 节温器

22. 冷却液在散热器内部的流动方向是（　）。

　　A. 由上向下　　　　　　B. 由下向上　　　　　　C. 由前向后

23. 通常利用（　）来控制通过散热器冷却液的流量。

　　A. 散热器　　　　　　　B. 节温器　　　　　　　C. 水泵

24. 用清洗法清除冷却系统水垢时，应先拆下节温器，将冷却液设法与正常循环（　）的方向（出液口）压入。

　　A. 相同　　　　　　　　B. 相反　　　　　　　　C. 先相同再相反

25. （　）不是润滑系统的功用之一。
    A. 清洗　　　　　　　B. 密封　　　　　　　C. 传递动力

26. （　）部位不是采用压力润滑方式。
    A. 曲轴主轴承　　　　B. 连杆轴承　　　　　C. 相对滑动速度较小的活塞销

27. （　）不属于进气测量装置部件。
    A. 空气流量传感器　　　　　　　　　　　　B. 进气歧管绝对压力传感器
    C. 节气门位置传感器

28. （　）不是热线（热膜）式空气流量传感器的常见故障。
    A. 热线（热膜）沾污　　　　　　　　　　　B. 热线断路（热膜损坏）
    C. 电位器电阻值不准确

29. 下列（　）不属于进气量调节装置部件。
    A. 电子节气门系统　　B. 废气再循环　　　　C. 可变进气控制系统

30. 在（　）情况下不需要进行节气门自适应设定。
    A. 更换 ECU 或 ECU 断电　　　　　　　　　B. 更换节气门体
    C. 更换空气滤清器

31. （　）之比称为压缩比。
    A. 气缸总容积与燃烧室容积　　　　　　　　B. 气缸工作容积与汽缸总容积
    C. 气缸工作容积与燃烧室容积

32. 空气流量传感器安装在（　），用来测量进入气缸内空气量。
    A. 节气门之后　　　　　　　　　　　　　　B. 空气滤清器和节气门之间
    C. 节气门体上

33. 下列（　）是润滑系统的功用。
    A. 冷却　　　　　　　B. 防水锈蚀　　　　　C. 清洗积炭

34. 对应一个活塞行程，曲轴旋转（　）。
    A. 180°　　　　　　　B. 360°　　　　　　　C. 720°

35. 通常活塞行程为曲柄半径的（　）倍。
    A. 1　　　　　　　　 B. 2　　　　　　　　 C. 4

36. 发动机经历了压缩、加热、膨胀及冷却 4 个过程而完成了一个循环，仅（　）过程为做功过程。
    A. 压缩　　　　　　　B. 加热　　　　　　　C. 膨胀　　　　　　　D. 冷却

37. 在进、排气门开闭的 4 个时期中，（　）的改变对充气效率影响最大。
    A. 进气门早开角　　　B. 进气门迟闭角　　　C. 排气门迟闭角

38. 下面（　）部件不属于强制循环式水冷系部件。
    A. 散热风扇　　　　　B. 散热器　　　　　　C. 冷却液

39. 散热风扇的风是吹向（　）的。
    A. 散热器　　　　　　B. 发动机　　　　　　C. 节温器

40. 当空气流量传感器进气格栅过脏时，会导致发动机加速时混合气（　　）。

　　A. 过稀　　　　　　B. 过浓　　　　　　C. 滞后

41. 新型无回油汽油供给系统中取消了（　　）。

　　A. 电动汽油泵继电器　　B. 电动汽油泵继电器　　C. 汽油压力调节器上的真空软管

42. 适当降低压缩比，可以使（　　）排放降低。

　　A. NO_x　　　　　　B. CO　　　　　　C. HC

43. 采用三元催化转化器系统的发动机通常装有（　　）控制燃油喷射系统。

　　A. 开环　　　　　　B. 闭环　　　　　　C. 自学习

44. 下列（　　）情况不会导致配气相位的变化。

　　A. 曲轴花键磨损　　　　　　B. 液力挺柱发动机的机油压力

　　C. 凸轮轴变形磨损

45. （　　）空气流量传感器检测的不是空气体积流量。

　　A. 叶片式　　　　　　B. 卡门涡旋式　　　　　　C. 热线式

46. 喷油器黏滞的主要原因是（　　）。

　　A. 蓄电池电压偏低　　B. 使用了劣质汽油　　C. 燃油压力偏低

47. 在增压发动机上，进气歧管绝对压力传感器除了监测进气歧管压力外，还用来监测（　　）。

　　A. 涡轮增压器的转速　　B. 涡轮增压器的增压　　C. 涡轮增压器的工作性能

48. 当切断良好喷油器一缸的点火后，会引起排气中（　　）读数明显增高。

　　A. CO　　　　　　B. HC　　　　　　C. CO_2

49. 在发动机运行中，ECU 检测发动机的各输入量，根据这些输入量，从 ROM 中查取相应控制参数输出控制信号，而不去检测控制结果，对控制结果的好坏不能做出分析判断，这种控制系统称为（　　）控制系统。

　　A. 开环　　　　　　B. 闭环　　　　　　C. 反馈

50. 在空燃比控制过程中，可用（　　）监测混合气的浓度，一旦检测到混合气浓的信号，就控制减少喷油量，反之，增加喷油量。

　　A. 氧传感器　　　　　　B. EGR 阀位置传感器　　　　　　C. 爆燃传感器

二、判断题（对的画 1，错误的画 0）

1. 对于汽油机而言，压缩比太高，容易引起爆燃。（　　）
2. 气缸沿工作表面在活塞环运动区域内呈上小下大的不规则锥形磨损。（　　）
3. 扭曲环装入活塞环槽时，其内切口或内倒角应朝上，外切口或外倒角应朝下。（　　）
4. 若曲轴检验出裂纹，一般应报废更换。（　　）
5. 配气机构是根据发动机工作循环需要适时地打开和关闭进、排气门的装置。（　　）

6. 宽量程氧传感器在从稀到浓的整个区域均呈现阶跃输出特性。（   ）

7. 采用多气门后还可适当减小气门升程，改善配气机构的性能。（   ）

8. 气门间隙是指气门完全关闭时，气门杆尾端与摇臂或挺柱之间的间隙。（   ）

9. 从凸轮轴的前端来看，各缸同名凸轮的相对位置按发动机做功顺序顺凸轮轴转动方向排列。（   ）

10. 液力挺柱的作用是保证配气机构无间隙驱动。（   ）

11. 节气门位置传感器用来检测节气门开度，以反映发动机的不同工况（怠速、加速、减速）以及发动机的负荷状态。（   ）

12. 清洗节气门后，怠速时节气门的开度就会增大。（   ）

13. 加速踏板位置传感器的初始化就是读取加速踏板在停止位置和最大行程位置与加速踏板位置传感器信号的关系。（   ）

14. 暖机过程中，ECU控制步进电动机转动，使怠速控制阀从起动后的开度逐渐关小。（   ）

15. 增压发动机起动后不需要怠速运转即可立即挂挡起步。（   ）

16. 电压驱动方式的喷油器回路中没有使用附加电阻。（   ）

17. 氧化锆式氧传感器产生的电压在理论空燃比时发生突变。（   ）

18. 发动机工作时，随冷却液温度的提高，爆燃倾向逐渐增大。（   ）

19. 水冷系统中空气流是由后向前高速通过散热器的。（   ）

20. 用清洗法清除冷却系统水垢时，应先拆下散热器，将冷却液设法与正常循环相同的方向（出液口）压入，直到放出的冷却液清洁为止。（   ）

21. 风扇皮带的挠度过小，意味着皮带过紧，从而影响冷却系统、充电系统的正常工作。（   ）

22. 机油压力过高时，液压挺柱无法泄压，会导致气门关闭不严。（   ）

23. 气缸磨损的最大部位是活塞在下止点位置时第一道活塞环相对应的气缸壁。（   ）

24. 电子节气门体由节气门、节气门调节电动机、节气门位置传感器和齿轮传动装置等元件组成。（   ）

25. 活塞销孔偏离活塞中心线的目的是降低活塞对气缸壁的拍击。（   ）

26. 气门的开启是通过气门传动组的工作来完成的，而气门的关闭则是由气门弹簧组来完成的。（   ）

27. 一般冷态时，排气门间隙小于进气门间隙。（   ）

28. 负温度系数进气温度传感器的信号电压值与进气温度成正比（即温度越低，信号电压越低）。（   ）

29. 使用电子节气门体的车辆，在驾驶人没有踩下加速踏板的情况下，ECU无法根据不同的工况调节发动机的转矩。（   ）

30. 电磁式喷油器是一次性使用件，只允许清洗而不能拆开修理。（   ）

第四部分 汽车修理工（中级）职业技能鉴定题库汇编

1. 根据汽油喷射的位置，汽油喷射系统可分为（　　）两大类。
   A. 缸内直喷
   B. 缸外喷射
   C. 单点喷射和多点喷射
   D. 连续喷射和间歇喷射

2. 进气行程中，由于曲轴的旋转，活塞从上止点向下止点运动，这时（　　）。
   A. 排气门关闭
   B. 进气门打开
   C. 进排气门均打开
   D. 气进排门均关闭

3. 气缸盖变形通常是由于（　　）所致。
   A. 拆装气缸盖时操作不当
   B. 未按气缸盖螺栓规定的顺序拧紧
   C. 气门间隙调整不当
   D. 未按气缸盖螺栓规定拧紧力矩操作

4. 活塞敲缸响的特征有（　　）。在突然加速时，有明显连续"铛铛"敲击声，发动机怠速时，在气缸的上部发出清晰的"嗒嗒嗒"敲击声。
   A. 该缸"断火"后
   B. 响声减弱或消失
   C. 冷车时响声明显
   D. 热车时响声减弱或消失

5. 下列（　　）情况会导致配气相位的变化。
   A. 正时齿（链）轮的连接花键磨损
   B. 液力挺柱发动机的机油压力过高
   C. 凸轮轴变形、磨损
   D. 正时链的磨损或正时带的老化

6. 下列（　　）不属于进气测量装置部件。
   A. 空气流量传感器
   B. 发动机转速传感器
   C. 节气门位置传感器
   D. 进气温度传感器

7. （　　）空气流量传感器检测的是空气体积流量。
   A. 叶片式
   B. 卡门涡旋式
   C. 热线式
   D. 热膜式

8. 根据传感器的结构的不同，宽量程氧传感器又可分为（　　）。
   A. 电池型
   B. 临界电流型
   C. 泵电池型
   D. 氧化锆式

9. 热线（热膜）式空气流量传感器的常见故障有（　　）。
   A. 热线（热膜）沾污
   B. 热线断路（热膜损坏）
   C. 电位器电阻值不准确
   D. 热敏电阻不良

10. 在（　　）之后，电子节气门总成需要进行初始化。
    A. 更换发动机ECU
    B. 更换或修复电子节气门总成
    C. 对发动机ECU进行编程或编码
    D. 清洗电子节气门总成

11. 当发动机怠速时，怠速稳定控制器根据（　　）对节气门进行控制。
    A. 发动机的负荷（进气量）
    B. 发动机转速
    C. 节气门位置传感器信号
    D. 发动机温度

12. 电动汽油泵本身常见的故障有（　　）。
   A. 滤网堵塞　　　　　　　　　　　　B. 泵内阀泄漏
   C. 电动机故障　　　　　　　　　　　D. 电动汽油泵因磨损而泵油压力不足
13. 关于爆燃，以下叙述正确的是（　　）。
   A. 爆燃使发动机过热
   B. 发动机过热容易发生爆燃
   C. 使用低牌号的汽油易发生爆燃
   D. 爆震传感器损坏将导致发动机容易发生爆燃
14. 改变冷却强度的调节方式通常有（　　）。
   A. 改变通过散热器的空气流量　　　　B. 改变冷却水泵的转速
   C. 改变冷却风扇的大小　　　　　　　D. 改变冷却液的循环流量和循环范围
15. 冷却系统的维护作业重点应放在（　　）等方面。
   A. 调整风扇皮带　　B. 检查节温器　　C. 清除冷却系统水垢　　D. 更换水泵
16. 喷油器的喷油量，取决于（　　）。
   A. 针阀行程　　　　　　　　　　　　B. 喷口面积
   C. 喷射环境压力与汽油压力的压差　　D. 电磁线圈的通电时间
17. 若汽油系保持压力过低，应检查（　　）。
   A. 电动汽油泵保持压力　　　　　　　B. 汽油压力调节器保持压力
   C. 喷油器有无泄漏　　　　　　　　　D. 汽油滤清器是否堵塞
18. 在发动机暖机过程中需要一定的附加加浓，其加浓量主要取决于（　　）。
   A. 发动机的温度　　B. 发动机负荷　　C. 发动机排量　　　　D. 发动机转速
19. 曲轴位置传感器通常安装在（　　）。
   A. 曲轴前端　　　　B. 凸轮轴前端　　C. 正时带（链）轮上　D. 飞轮上
20. 目前使用的氧传感器有（　　）。
   A. 氧化锆（ZrO_2）式　　　　　　　B. 氧化钛（TiO_2）式
   C. 宽量程氧传感器　　　　　　　　　D. 空燃比式

附录 操作技能考核题库汇编

操作技能考核试题汇总

考核项目	考核题目（现场抽取其中一题考核）	
（一） 汽车维护	1. 检查气缸压缩压力 2. 检测进气管真空度 3. 检测汽油机燃油压力 4. 检测汽油机尾气排放量 5. 更换活塞环 6. 检测曲轴主轴颈与连杆轴颈	7. 检查连杆轴承间隙 8. 检查与调整柴油机供油正时 9. 检查与调整前轮侧滑量 10. 拆装变速器盖 11. 检查与补充空调系统制冷剂 12. 用解码器读取故障码
（二） 汽车修理	1. 检修气缸盖 2. 检修气缸体 3. 检修凸轮轴 4. 拆装与检查正时带 5. 检测电动燃油泵 6. 检测汽油机喷油器 7. 检测怠速控制装置 8. 检测空气流量计 9. 检测进气温度传感器 10. 检测节气门位置传感器 11. 检查更换正时皮带 12. 检查与排除转向系统沉重故障 13. 检测自动变速器油压	14. 检修离合器 15. 拆检变速器第一、二轴组件 16. 检修万向传动装置 17. 检修与调整转向器 18. 检修前轴 19. 检修鼓式车轮制动器 20. 检修盘式车轮制动器 21. 检修液压制动总泵 22. 检修起动机 23. 检修发电机 24. 测量燃烧室容积 25. 测量气缸磨损量
（三） 汽车故障诊断与排除	1. 发动机怠速不稳的故障诊断与排除 2. 发动机加速时回火的故障诊断与排除 3. 发动机无法起动的故障诊断与排除 4. 发动机缺火的故障诊断与排除 5. 发动机动力不足的故障诊断与排除 6. 离合器异响的故障诊断与排除 7. 汽车转向沉重的故障诊断与排除 8. 交流发电机充电电流不稳定的故障诊断与排除 9. 起动机转动无力的故障诊断与排除 10. 发动机高压无火故障诊断与排除	

职业技能鉴定国家题库试卷

汽车修理工（中级）操作技能考核评分记录

姓名		准考证号				单位		
考核日期	20 年 月 日			考核时间	120min	总耗时		min
考核项目	考核题目	评分标准 （各项配分扣完为止）		考核时间	配分	考核情况	扣分	得分
（一） 汽车维护		1. 工量具、材料选用不当，检测前准备不充分扣1～3分。 2. 操作方法、步骤错误扣12分，不规范扣1.5～3分。 3. 不熟悉技术要求(标准)扣3分，每缺一项扣1分。 4. 不会根据检测结果进行分析诊断扣3分。分析不透彻扣1～2分。 5. 工量具、仪器使用方法不正确扣1～3分。 6. 违反安全操作规程扣3分。 7. 不文明生产（劳动用品穿戴，工量具、仪器的整理及清洁）扣1～3分。 8. 出现重大安全事故取消考试资格。		30min	30分	考评员签名		
（二） 汽车修理		1. 工量具、材料选用不当，检测前准备不充分扣2～4分。 2. 操作方法、步骤错误扣16分，不规范扣2～14分。 3. 不熟悉技术要求(标准)扣4分，每缺一项扣1分。 4. 不会根据检测结果进行分析诊断扣4分。分析不透彻扣1～3分。 5. 工量具、仪器使用方法不正确扣1～4分。 6. 违反安全操作规程扣4分。 7. 不文明生产（劳动用品穿戴，工量具、仪器的收拾及清洁）扣1～4分。 8. 出现重大安全事故取消考试资格。		40min	40分	考评员签名		
（三） 汽车故障诊断与排除		1. 工量具、材料选用不当扣1～3分。 2. 未能根据故障现象分析故障原因扣6分，每缺一项扣1分。 3. 故障诊断结果错误扣6分，诊断方法、步骤不正确扣1～5分。 4. 不能排除故障扣6分。 5. 工量具、仪器使用方法不正确扣1～3分。 6. 违反安全操作规程扣3分。 7. 不文明生产（劳动用品穿戴，工量具、仪器的收拾及清洁）扣1～3分。 8. 出现重大安全事故取消考试资格。		50min	30分	考评员签名		
主考签名	20 年 月 日			总评语			总分	

汽车修理工（中级）职业技能鉴定国家题库试卷

操作技能考核准备通知单（考场）

（试题1　汽车维护）

考题1　检测气缸压缩压力

序号	名称	规格	单位	数量	备注
1	汽车或发动机台架		辆（台）	1	汽油机
2	气缸压力表		只	1	针对不同型号发动机，可选择汽油机气缸压力表
3	火花塞扳手		只	1	
4	常用工具		套	1	
5	维修手册		本	1	与考试车型相同，方便考生查阅
6	棉纱		团	1	
7	秒表		块	1	计时用

考题2　检测进气管真空度

序号	名称	规格	单位	数量	备注
1	汽车或发动机台架		辆（台）	1	汽油机
2	真空表		只	1	
3	发动机转速表		块	1	与真空表配合使用
4	常用工具		套	1	
5	维修手册		本	1	与考试车型相同，方便考生查阅
6	棉纱		团	1	
7	秒表		块	1	计时用

考题3　检测汽油机燃油压力

序号	名称	规格	单位	数量	备注
1	汽车或发动机台架		辆（台）	1	装备完好的汽油机
2	燃油压力表		只	1	各种接头齐全
3	发动机转速表		块	1	与燃油压力表配合使用
4	油管扳手		把	1	拆装油管时使用
5	常用工具		套	1	
6	维修手册		本	1	与考试车型相同
7	棉纱		团	1	
8	秒表		块	1	计时用

考题 4　检测汽油机尾气排放量

序号	名称	规格	单位	数量	备注
1	汽车或发动机台架		辆(台)	1	汽油机
2	尾气分析仪		台	1	3气、5气均可
3	维修手册		本	1	或配备相关尾气排放国家标准一本
4	常用工具		套	1	
5	棉纱		团	1	
6	秒表		块	1	计时用

考题 5　更换活塞环

序号	名称	规格	单位	数量	备注
1	发动机气缸体		辆	1	装备一组活塞连杆组，无油底壳
2	套筒扳手		把	1	
3	手锤		把	1	
4	活塞环钳		把	1	
5	活塞环箍		个	1	
6	鲤鱼钳		把	1	
7	扭力扳手		把	1	
8	塞尺		把	1	
9	维修手册		本	1	
10	机油		升	1	
11	棉纱		团	1	
12	秒表		块	1	

考题 6　检测曲轴主轴颈与连杆轴颈

序号	名称	规格	单位	数量	备注
1	曲轴		台	1	
2	平台		个	1	
3	V型铁		对	1	
4	外径千分尺		把	1	
5	棉纱		团	1	

附录　操作技能考核题库汇编

考题 7　检查连杆轴承间隙

序号	名称	规格	单位	数量	备注
1	发动机气缸体		台	1	无油底壳，装备完整曲轴连杆机构
2	间隙规		把	1	
3	一字螺钉旋具		把	1	
4	撬棍		根	1	
5	常用工具		套	1	
6	维修手册		本	1	与所选气缸体型号相同
7	棉纱		团	1	
8	秒表		块	1	计时用

考题 8　检查与调整柴油机供油正时

序号	名称	规格	单位	数量	备注
1	柴油汽车或柴油机台架		辆（台）	1	装备完整
2	开口扳手		把	1	
3	梅花扳手		把	1	
4	鲤鱼钳		把	1	
5	玻璃管		根	1	长 50~60 mm，内径约 2 mm
6	维修手册		本	1	与所选柴油机型号相同
7	棉纱		团	1	
8	秒表		块	1	计时用

考题 9　检查与调整前轮侧滑量

序号	名称	规格	单位	数量	备注
1	汽车		辆	1	任一型号均可
2	前轮侧滑试验台		台	1	
3	开口扳手		把	1	
4	梅花扳手		把	1	
5	鲤鱼钳		把	1	
6	管子扳手		把	1	
7	轮胎气压表		只	1	
8	轮胎花纹深度规		只	1	
9	国家标准	GB 7258-2012	本	1	《机动车运行安全技术条件》
10	棉纱		团	1	
11	秒表		块	1	计时用

考题 10　拆装变速器盖

序号	名称	规格	单位	数量	备注
1	变速器		台	1	要求为手动变速器
2	钢丝钳		把	1	
3	手锤		把	1	
4	φ5 mm 圆销冲头		只	1	
5	钢冲头		只	1	
6	变速叉轴导向销		只	1	
7	开口扳手		把	1	
8	梅花扳手		把	1	
9	套筒扳手		把	1	
10	密封胶		支	1	
11	金属锁线		支	1	
12	机油		升	1	
13	清洗剂		桶	1	
14	油盆		个	1	
15	毛刷		把	1	
16	棉纱		团	1	
17	秒表		块	1	计时用
18	工作台		个	1	

考题 11　检查与补充空调系统制冷剂

序号	名称	规格	单位	数量	备注
1	汽车		辆	1	装备空调制冷系统
2	空调压力表		只	1	
3	鲤鱼钳		只	1	
4	制冷剂				按维修手册要求容量准备
5	制冷剂充注设备		台	1	
6	维修手册		本	1	与考试车型相同
7	棉纱		团	1	
8	秒表		块	1	计时用

考题 12　用解码器读取故障码

序号	名称	规格	单位	数量	备注
1	电控发动机或电控汽车台架		台	1	具备诊断插座
2	解码器		台	1	能够与考试汽车或发动机台架通信
3	万用表		块	1	
4	常用工具		套	1	
5	维修手册		本	1	与考试车型与发动机型号相同
6	秒表		块	1	计时

职业技能鉴定国家题库试卷

汽车修理工中级操作技能考核准备通知单(考场)

(试题2 汽车修理)

考题1 检修气缸盖(装配与调整)

序号	名称	规格	单位	数量	备注
1	发动机气缸盖		个	1	任一型号均可
2	钢直尺		把	1	
3	塞尺		把	1	
4	平台		个	1	
5	量杯		个	1	
6	注射器		个	1	
7	玻璃板		个	1	
8	维修手册		本	1	与考试气缸型号相同
9	棉纱		团	1	
10	秒表		块	1	计时用
11	汽油		升	1	

考题2 检修气缸体

序号	名称	规格	单位	数量	备注
1	发动机气缸体		个	1	任一型号均可
2	钢直尺		把	1	
3	塞尺		把	1	
4	平台		个	1	
5	量缸表		块	1	
6	外径千分尺		把	1	
7	棉纱		团	1	
8	维修手册		本	1	与发动机型号相同
9	秒表		块	1	

考题3 检修凸轮轴

序号	名称	规格	单位	数量	备注
1	发动机凸轮轴		个	1	
2	常用工具		套	1	
3	游标卡尺(外径千分尺)		把	1	
4	撬棍		根	1	
5	机油		桶	1	
6	棉纱		团	1	
7	磁力探伤仪		台	1	
8	V型铁		对	1	
9	百分表及磁力表座		只	1	

考题4　拆装与检查正时带

序号	名称	规格	单位	数量	备注
1	发动机		台	1	装备正时带
2	常用工具		套	1	
3	张力计		只	1	

考题5　检测电动燃油泵

序号	名称	规格	单位	数量	备注
1	电控汽车		辆	1	
2	万用表		块	1	
3	常用工具		套	1	

考题6　检测汽油机喷油器

序号	名称	规格	单位	数量	备注
1	电控汽车		辆	1	
2	万用表		块	2	
3	发光二极管		只	3	
4	常用工具		套	4	

考题7　检测怠速控制装置

序号	名称	规格	单位	数量	备注
1	电控汽车		辆	1	
2	万用表		块	1	
3	发光二极管		只	1	
4	常用工具		套	1	

考题8　检测空气流量计

序号	名称	规格	单位	数量	备注
1	电控汽车		辆	1	装备空气流量计
2	万用表		块	1	
3	发光二极管		只	1	
4	常用工具		套	1	

考题 9 检测进气温度传感器

序号	名称	规格	单位	数量	备注
1	电控汽车		辆	1	台架亦可
2	万用表		块	1	
3	发光二极管		只	1	
4	常用工具		套	1	
5	电热吹风机		个	1	

考题 10 检测节气门位置传感器

序号	名称	规格	单位	数量	备注
1	电控汽车		辆	1	台架亦可
2	万用表		块	1	
3	发光二极管		只	1	
4	常用工具		套	1	

考题 11 检查更换正时带

序号	名称	规格	单位	数量	备注
1	发动机		台	1	台架亦可
2	一字螺钉旋具		把	1	
3	撬棍		根	1	
4	常用工具		套	1	

考题 12 检查与排除转向系统沉重故障

序号	名称	规格	单位	数量	备注
1	电控汽车		辆	1	
2	油压测试仪		台	1	
3	四轮定位仪		台	1	
4	常用工具		套	1	

考题 13 检测自动变速器压力

序号	名称	规格	单位	数量	备注
1	电控汽车		辆	1	装备自动变速器
2	自动变速器油压表		块	1	
3	棉纱		团	1	
4	常用工具		套	1	

考题 14　检修离合器

序号	名称	规格	单位	数量	备注
1	发动机附离合器总成		台	1	
2	从动盘支架		个	1	
3	平台		个	1	
4	弹簧检验仪		个	1	
5	百分表		只	1	
6	游标卡尺		把	1	
7	钢板尺		把	1	
8	塞尺		把	1	
9	套筒扳手		把	1	
10	扭力表		把	1	
11	粉笔		支	1	
12	手锤		把	1	
13	变速器第一轴		只	1	

考题 15　拆检变速器一、二轴组件

序号	名称	规格	单位	数量	备注
1	变速器总成		台	1	二轴式
2	V 型铁		对	1	
3	平台		个	1	
4	探伤设备		台	1	
5	百分表		只	1	
6	千分尺		把	1	
7	侧齿卡尺		把	1	
8	塞尺		把	1	
9	开口扳手		把	1	
10	梅花扳手		把	1	
11	一字螺钉旋具		把	1	
12	钢丝钳		把	1	
13	卡簧钳		把	1	
14	铜棒		根	1	
15	轴承拉器		只	1	
16	手锤		把	1	
17	清洗剂		桶	1	
18	油盆		只	1	
19	毛刷		把	1	
20	棉纱		团	1	

考题 16　检修万向传动装置

序号	名称	规格	单位	数量	备注
1	万向传动装置		套	1	
2	V型铁		对	1	
3	平台		个	1	
4	探伤设备		台	1	
5	百分表		只	1	
6	千分尺		把	1	
7	虎钳		台	1	
8	开口扳手		把	1	
9	梅花扳手		把	1	
10	手锤		把	1	
11	清洗剂		桶	1	
12	油盆		只	1	
13	毛刷		把	1	

考题 17　检修与调整转向器

序号	名称	规格	单位	数量	备注
1	转向器		套	1	
2	V型铁		对	1	
3	平台		个	1	
4	探伤设备		台	1	
5	百分表		只	1	
6	千分尺		把	1	
7	弹簧秤		只	1	
8	开口扳手		把	1	
9	梅花扳手		把	1	
10	手锤		把	1	
11	清洗剂		桶	1	
12	油盆		只	1	
13	毛刷		把	1	
14	棉纱		团	1	

考题 18　检修前轴

序号	名称	规格	单位	数量	备注
1	汽车前轴		个	1	
2	主销		个	1	
3	百分表		只	1	
4	游标卡尺		把	1	
5	钢板尺		把	1	
6	塞尺		把	1	
7	拉线		条	1	

考题 19　检修鼓式车轮制动器

序号	名称	规格	单位	数量	备注
1	汽车		辆	1	
2	弹簧试验机		台	1	
3	弓形内径规		个	1	
4	探伤设备		台	1	
5	百分表		只	1	
6	游标卡尺		把	1	
7	塞尺		把	1	
8	弹簧秤		只	1	
9	开口扳手		把	1	
10	梅花扳手		把	1	
11	手锤		把	1	
12	钢丝钳		把	1	
13	凿子		把	1	
14	拆装专用工具		套	1	
15	清洗剂		桶	1	
16	油盆		只	1	
17	毛刷		把	1	
18	棉纱		团	1	

考题20 检修盘式车轮制动器

序号	名称	规格	单位	数量	备注
1	汽车		辆	1	拆除车轮
2	百分表		只	1	
3	游标卡尺		把	1	
4	开口扳手		把	1	
5	梅花扳手		把	1	
6	一字螺钉旋具		把	1	
7	空气压缩机		台	1	
8	虎钳		台	1	
9	轮缸活塞专用工具		套	1	
10	清洗剂		桶	1	
11	油盆		只	1	
12	砂布		团	1	
13	制动液储存器		个	1	

考题21 检修液压制动总泵

序号	名称	规格	单位	数量	备注
1	液压制动总泵		台	1	
2	内径量表		把	1	
3	游标卡尺		把	1	
4	开口扳手		把	1	
5	梅花扳手		把	1	
6	一字螺钉旋具		把	1	
7	清洗剂		桶	1	
8	油盆		只	1	
9	砂布		团	1	
10	制动液		瓶	1	

考题 22　检修起动机

序号	名称	规格	单位	数量	备注
1	起动机		台	1	
2	万能试验台		台	1	
3	平台		个	1	
4	弹簧秤		只	1	
5	百分表		只	1	
6	游标卡尺		把	1	
7	梅花扳手		把	1	
8	开口扳手		把	1	
9	套筒扳手		把	1	
10	扭力表		只	1	
11	万用表		块	1	
12	锯条		把	1	
13	V 型铁		对	1	
14	轴承拉器		件	1	
15	棉纱		团	1	

考题 23　检修发电机

序号	名称	规格	单位	数量	备注
1	发电机		台	1	
2	电器万能试验台		台	1	
3	平台		个	1	
4	弹簧秤		只	1	
5	百分表		只	1	
6	游标卡尺		把	1	
7	梅花扳手		把	1	
8	开口扳手		把	1	
9	套筒扳手		把	1	
10	扭力表		把	1	
11	万用表		块	1	
12	锯条		把	1	
13	V 型铁		对	1	
14	轴承拉器		件	1	
15	棉纱		团	1	

考题 24　测量燃烧室容积

序号	名称	规格	单位	数量	备注
1	发动机		台	1	台架亦可
2	工作台		台	1	
3	清洗剂		瓶	1	
4	注射器		个	1	注入油液
5	混合油液		瓶	1	
6	量杯		个	1	

考题 25　测量气缸的磨损量

序号	名称	规格	单位	数量	备注
1	发动机		台	1	台架亦可
2	工作台		台	1	
3	清洗剂		瓶	1	
4	棉纱		团	1	
5	扁铲		把	1	
6	游标卡尺		把	1	
7	外径千分尺		把	1	
8	量缸表		个	1	

职业技能鉴定国家题库试卷

汽车修理工中级操作技能考核准备通知单(考场)

(试题3 汽车故障诊断与排除)

考题1 诊断与排除发动机怠速不稳的故障

(1)设备及设施准备。

序号	名称	规格	单位	数量	备注
1	汽油车		辆	1	台架亦可
2	试灯		台	1	
3	万用表		块	1	
4	常用工具		套	1	

(2)故障设置原则。

序号	故障部位或设置方式	选取原则
1	节气门体脏污	从左侧所列项目中选取两个项目进行故障设置。组合原则为项目1、2、5中选取1个,项目3、4中选取1个
2	漏真空	
3	高压线断路	
4	火花塞失效	
5	怠速控制阀失效	

考题2 诊断与排除发动机加速时回火的故障

(1)设备及设施准备。

序号	名称	规格	单位	数量	备注
1	汽油汽车		辆	1	
2	常用工具		套	1	

(2)故障设置原则。

序号	故障部位或设置方式	选取原则
1	空气流量传感器(或进气压力传感器)	从左侧所列项目中选取两个项目进行故障设置。组合原则为项目1、5中选取1个,项目2、3、4中选取1个。
2	漏真空	
3	燃油压力过低	
4	进气门关闭不严	
5	怠速控制阀失效	

考题 3　诊断与排除汽油发动机无法起动的故障

（1）设备及设施准备。

序号	名称	规格	单位	数量	备注
1	汽车		辆	1	
2	试灯		台	1	
3	万用表		块	1	
4	常用工具		套	1	

（2）故障设置原则。

序号	故障部位或设置方式	选取原则
1	起动机不运转	从左侧所列项目中选取两个项目进行故障设置。组合原则为项目1、2、3中选取1个，项目4、5中选取1个
2	点火线圈失效	
3	点火模块失效	
4	燃油泵不工作	
5	喷油器不工作	

考题 4　诊断与排除发动机缺火的故障

（1）设备及设施准备。

序号	名称	规格	单位	数量	备注
1	汽车		辆	1	
2	试灯		台	1	
3	万用表		块	1	
4	常用工具		套	1	

（2）故障设置原则。

序号	故障部位或设置方式	选取原则
1	点火线圈接触不良	从左侧所列项目中选取两个项目进行故障设置。组合原则为项目1、2、3、4中选取1个，项目5、6中选取1个
2	点火模块接触不良	
3	高压线阻值不正确	
4	火花塞失效	
5	喷油器不工作	
6	气门积炭	

考题5 诊断与排除发动机动力不足的故障

(1) 设备及设施准备。

序号	名称	规格	单位	数量	备注
1	汽车		辆	1	
2	试灯		个	2	
3	万用表		块	3	
4	常用工具		套	4	

(2) 故障设置原则。

序号	故障部位或设置方式	选取原则
1	空气滤清器堵塞	从左侧所列项目中选取两个项目进行故障设置。组合原则为项目1、2、3、4中选取1个,项目5、6中选取1个
2	汽油泵泵油压力不足	
3	汽油滤清器堵塞	
4	排气系统堵塞	
5	点火正时不正确	
6	火花塞间隙不符合要求	

考题6 离合器异响的故障诊断与排除

(1) 设备及设施准备。

序号	名称	规格	单位	数量	备注
1	汽车		辆	1	装备手动变速器,离合器为液压操纵式
2	常用工具		套	1	

(2) 故障设置原则。

序号	故障部位或设置方式	选取原则
1	离合器固定螺栓松动	从左侧所列项目中选取两个项目进行故障设置。组合原则为项目1、2、3、4中选取1个,项目5、6中选取1个
2	离合器压盘表面硬化	
3	飞轮表面硬化	
4	从动片摩擦片表面硬化	
5	分离轴承缺油	
6	液压系统回油不畅	

考题 7 诊断与排除汽车转向沉重的故障

（1）设备及设施准备。

序号	名称	规格	单位	数量	备注
1	汽车		辆	1	
2	常用工具		套	1	

（2）故障设置原则。

序号	故障部位或设置方式	选取原则
1	转向器润滑不良	
2	转向器啮合间隙过小	从左侧所列项目中选取两个项目进行故障设置。组合原则为项目 1、2、3 中选取 1 个，项目 4、5 中选取 1 个
3	转向传动机构各铰接处配合间隙过小	
4	前轮定位失准	
5	轮胎气压不足	

考题 8 诊断与排除交流发电机充电电流不稳定的故障

（1）设备及设施准备。

序号	名称	规格	单位	数量	备注
1	汽车		辆		
2	试灯		个		
3	万用表		块		
4	常用工具		套		

（2）故障设置原则。

序号	故障部位或设置方式	选取原则
1	皮带过松	
2	皮带打滑	从左侧所列项目中选取两个项目进行故障设置。组合原则为项目 1、2 中选取 1 个，项目 3、4、5 中选取 1 个
3	电刷磨损过多	
4	线路接触不良	
5	调节器故障	

考题 9 诊断与排除起动机转动无力的故障

（1）设备及设施准备。

序号	名称	规格	单位	数量	备注
1	汽车		辆	1	
2	试灯		台	1	
3	万用表		块	1	
4	常用工具		套	1	

（2）故障设置原则。

序号	故障部位或设置方式	选取原则
1	蓄电池存电不足	从左侧所列项目中选取两个项目进行故障设置。组合原则为项目1、2、3中选取1个，项目4、5中选取1个
2	蓄电池极桩锈蚀	
3	起动电路导线接头松动	
4	电动机轴转动不灵活	
5	发动机装配过紧而使转动阻力过大	

考题 10　诊断与排除高压无火的故障

（1）设备及设施准备。

序号	名称	规格	单位	数量	备注
1	汽车		辆	1	
2	试灯		个	1	
3	万用表		块	1	
4	常用工具		套	1	

（2）故障设置原则。

序号	故障部位或设置方式	选取原则
1	点火线圈失效	从左侧所列项目中选取两个项目进行故障设置。组合原则为项目1、2中选取1个，项目3、4中选取1个
2	点火模块失效	
3	点火系统低压电路断路	
4	分火头损坏	

备注：各考生自带劳保用品。

参考文献

[1] 祖国海.汽车修理工（中级）[M].2版.北京：机械工业出版社，2012.

[2] 吴明.汽车修理工（中级）[M].北京：电子工业出版社，2008.

[3] 谢剑.汽车修理工技师鉴定培训教材[M].北京：机械工业出版社，2010.

[4] 张小飞.汽车修理工：中级[M].北京：航空工业出版社，2016.

[5] 杨波.汽车发动机构造与维修[M].北京：北京理工大学出版社，2017.

[6] 王少华.汽车底盘构造与拆装[M].北京：北京理工大学出版社，2016.

[7] 谭本忠.汽车构造[M].济南：山东科学技术出版社，2014.

[8] 陆广华.汽车电气维修[M].北京：人民邮电出版社，2014.

[9] 熊永森.汽车文化[M].北京：科学出版社，2016.

[10] 王海丽.汽车修理工技能鉴定考核试题库[M].2版.北京：机械工业出版社，2016.

[11] 孙希岗.汽车修理工（中高级）技能鉴定指导书[M].沈阳：东北大学出版社，2016.

[12] 祖国海.汽车修理工：职业技能鉴定考核试题库（理论试题+技能试题+模拟试题）[M].北京：机械工业出版社，2015.

[13] 潘向民.中级汽车维修工技能实训教材[M].广州：广东科技出版社，2011.